Linda Tellington-Jones

TTouch und TTeam für Pferde

Der sanfte Weg zu Gesundheit, Leistung und Wohlbefinden

Das Praxisbuch

KOSMOS

Umschlaggestaltung von eStudio Calamar, unter Verwendung von 6 Farbfotos
von Lothar Lenz, Cochem
Mit 118 Farbfotos und 31 farbigen Illustrationen

Bildnachweis: Alle Farbfotos stammen von Lothar Lenz, ausgenommen S. 13: Ellen van Leeuwen und S. 40, 46, 47, 49, 52 und 53: Akaka Photographic Inc.

Die TTouch-Illustrationen schuf Jeanne Kloepfer, die TTeam-Illustrationen Cornelia Koller.

Das Buch basiert auf dem 1998 im Kosmos Verlag erschienenen „Trainingsplan TTouch“ und „TTeam-Bodenarbeit“ sowie der 1999 bei Kenilworth Press Ltd., Addington, Buckingham, England, und Trafalgar Square Publishing, North Pomfret, Vermont, USA, erschienenen aktualisierten Ausgabe „Improve Your Horse's Wellbeing – A Step-by-Step Guide to TTouch and TTeam Training“.

Aus dem Amerikanischen von Sigrid Eicher

Bibliographische Informationen der Deutschen Nationalbibliothek
Die Deutsche Nationalbibliothek verzeichnet diese Publikation in der Deutschen Nationalbibliografie; detaillierte bibliografische Daten sind im Internet über http://dnb.ddb.de abrufbar.

Gedruckt auf chlorfrei gebleichtem Papier

Für die deutschsprachige Ausgabe:

ISBN 978-3-440-08957-6
Lektorat: Gudrun Braun/Sigrid Eicher
Produktion: Buch & Konzept, Annegret Wehland, München
Satz: Buch & Konzept, Annegret Wehland, München
Printed in Italy / Imprimé en Italie

INHALT

DANK

Dieses Buch hat eine besondere Geschichte, denn es ist das Ergebnis einer wunderbaren Teamarbeit. Am Anfang stehen zwei Kosmos-Trainingspläne, zum Mitnehmen, Aufhängen und Nachschlagen bei der praktischen Arbeit draußen zu den Themen „TTouch" und „TTEAM-Bodenarbeit", die ich zusammen mit meiner Ko-Autorin Gudrun Braun geschrieben habe.
Aus diesem Material machten der amerikanische Verlag Trafalgar Square Publishing und der britische Verlag Kenilworth Press eine englischsprachige Übersetzung, die mit neuem Layout in Buchform erschien. Da diese Ausgabe später als die deutschsprachigen Trainingspläne auf den Markt kam, konnte ich einige Passagen aktualisieren und präzisieren. Und ich freue mich, dass der Kosmos-Verlag nun diese Buchversion, wieder in deutscher Sprache, ebenfalls herausgibt, natürlich auch in der aktualisierten Form.
So geht mein Dank an viele Beteiligte:
Kirsten Henry für ihre kreativen Einfälle und die Geduld, mit der sie mir in zahllosen Stunden half, den deutschen und englischen Text in seine endgültige Form zu bringen; Gudrun Braun, unter deren umsichtiger, zuverlässiger und immer freundlicher Regie die Fotos entstanden sind und die meine Ko-Autorin für die deutschen Texte ist. Ihren Ideen und ihrer Beharrlichkeit ist vieles zu verdanken.
Sigrid Eicher hat mit großem Engagement als Lektorin die Buchausgabe betreut und dabei auch die aktualisierten Passagen ins Deutsche übersetzt.
Die Fotografen Lothar Lenz, Deutschland, Ellen van Leeuwen, Niederlande, und Akaka Photographic Inc., Hawaii, sowie die Illustratorinnen Jeanne Kloepfer und Cornelia Koller haben – alle auf ihren Gebieten – Hervorragendes geleistet.
Caroline Robbins und Martha Cook von Trafalgar Square Publishing sowie Lesley Gowers und David Blunt von Kenilworth Press sowie Edie Jane Eaton für ihre Unterstützung und Mitarbeit bei der Entstehung und Herstellung der englischsprachigen Ausgaben. Und, last, but not least, Christine Schwartz für die Übersetzung vom Deutschen ins Englische.

EINFÜHRUNG

Was ist TTEAM-Training und wie sind die TTouches entstanden?

TTEAM, die Abkürzung für Tellington Touch Equine Awareness Method, hat das allgemeine Wohlbefinden des Pferdes zum Ziel – körperlich und seelisch. Einer der Grundsätze von TTEAM ist, das Pferd so zu behandeln, wie man selbst gern behandelt würde. Schon oft habe ich erlebt, wie sich Reiter-Pferd-Beziehungen veränderten, sobald diese einfache Regel konsequent angewendet wurde.

Ich habe dieses Trainingssystem über zwei Jahrzehnte lang entwickelt, und es entwickelt sich immer weiter, weil ich jeden Tag wieder etwas von den Pferden lerne. Meine Methoden beruhen auf der klassischen Ausbildung des Pferdes, kontinuierlich weiter verfeinert, seit ich reiten gelernt habe. Viele Jahre lang habe ich mit allen möglichen Pferderassen der Welt gearbeitet und Erfahrungen in vielen Bereichen gesammelt – im Westernreiten, im Springen, im Dressur- und im Distanzreiten.

Zwischen 1960 und 1970 habe ich angefangen, mit Massage und Physiotherapie für Pferde zu experimentieren, und war Koautorin bei einem der ersten Bücher zu diesem Thema. Wir entdeckten, dass sich die Pferde nach einem Wettbewerb dadurch schneller erholten. Ende der 70er Jahre hatte ich Gelegenheit, vier Jahre die Körperarbeit nach Feldenkrais zu studieren. Sie war für Menschen gedacht, aber mir kam der Gedanke, sie auch auf Pferde anzuwenden. Plötzlich erschienen mir Pferde in ganz neuem Licht. Mir wurde klar, dass hinter Widersetzlichkeiten und unerwünschtem Verhalten sehr oft Schmerzen, Entzündungen, Angst und Verspannung steckten. Aus der Kombination meiner Erfahrung in klassischer Ausbildung und der Feldenkrais-Methode entstand die TTEAM-Arbeit. Sie machte es ohne Gewaltanwendung und ohne ständige Wiederholung möglich, das Verhalten eines Pferdes zu ändern und seine Persönlichkeit zu beeinflussen, einfach durch ungewohnte, nicht bedrohliche Körperbewegungen und spezielle Bodenübungen.

Mein Interesse für zellulare Intelligenz und Massagetechniken führte dazu, dass ich meine Trainingsmethode um den Tellington-TTouch erweiterte. Durch den TTouch werden Körperzellen aktiviert, das Nervensystem wird beeinflusst und das Lernvermögen angeregt. Körper und Geist werden zusammengebracht, und das Ergebnis ist mehr Gesundheit für das Pferd. Ich spüre im TTouch eine magische Dynamik – wie eine wortlose Geheimsprache zwischen Mensch und Pferd.

Der TTouch besteht aus einer Reihe von kreisförmigen Bewegungen der Handflächen und Finger mit dem Ziel, die Zellfunktion zu aktivieren und das Verständnis und die Kommunikation zwischen Pferd und Mensch zu vertiefen. Jeder TTouch beinhaltet eine spezielle Hand- und Fingerhaltung und wird mit unterschiedlichem Druck angewandt, je nach Reaktion des Pferdes und gewünschtem Effekt.

Die Übungen der TTEAM-Bodenarbeit beeinflussen Körper- und Verhaltensprobleme, weil sie das Bewusstsein des Pferdes erweitern und Gleichgewicht, Koordination, Willigkeit und Lernvermögen verbessern.

Dieses Buch führt Sie ein in die Grundlagen der TTEAM-Arbeit. Damit stehen Ihnen für die Ausbildung und Gesundheit Ihres Pferdes ganz neue Mittel zur Verfügung. Sie erreichen nicht nur eine Leistungssteigerung, sondern vor allem auch eine sehr spezielle Verbindung zu Ihrem Pferd.

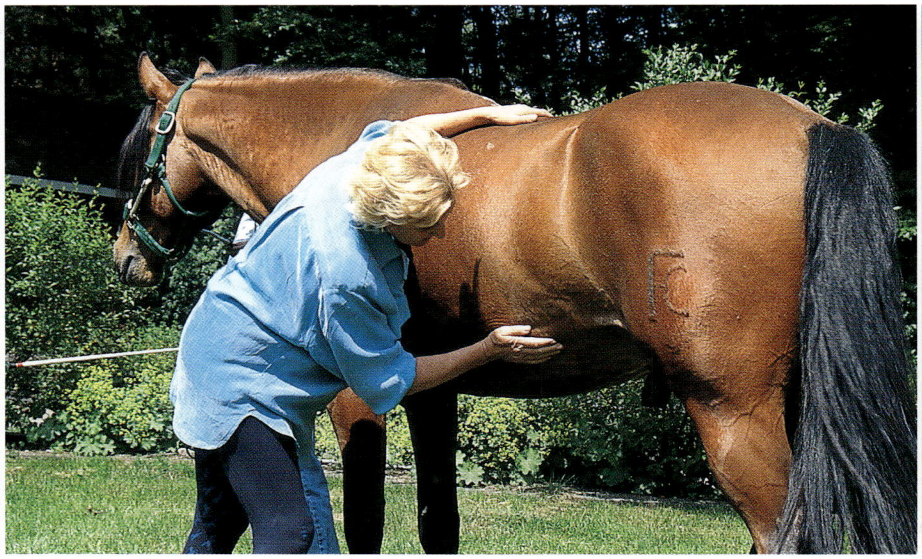

DIE TELLINGTON-TTOUCHES

Die TTouches fördern die Entspannung und verbessern das Leistungs- und Lernvermögen des Pferdes.

Den Pferdekörper erforschen

Bevor Sie die einzelnen TTouches lernen, müssen Sie den Körper des Pferdes nach empfindlichen Stellen, nach Verspannungen und Schwellungen absuchen. Dazu lassen Sie die Hände über den Pferdekörper wandern und achten auf jedes Anzeichen von Unwillen oder Schmerz – etwa Kopf- oder Schweifschlagen – auf den Druck Ihrer Hand oder Finger hin. Das sind die Bereiche, in denen Sie die TTouches einsetzen sollten. Binden Sie Ihr Pferd nicht an, sondern lassen Sie es von jemand halten, falls es mit dem Kopf schlagen oder sich plötzlich bewegen sollte.

Fangen Sie mit einer „weichen", flachen Hand an und streichen Sie den gesamten Pferdekörper mit langen, langsamen Bewegungen ab. Achten Sie auf Wärme, Kälte, Knoten, veränderten Muskeltonus, Fellveränderungen und Anzeichen, dass dem Pferd die Berührungen unangenehm sind.

Als Nächstes untersuchen Sie die in der Zeichnung auf S. 7 links angegebenen Punkte mit einem mehr in die Tiefe gehenden Druck der Fingerspitzen. Halten Sie die Finger zusammen und leicht gekrümmt. Fangen Sie mit der Untersuchung in der Mitte der starken Muskeln gleich hinter den Ohren an. Streichen Sie sie erst mit der flachen Hand ab, damit sich das Pferd nicht erschreckt, drücken Sie dann aber fest mit den Fingerspitzen in den Muskel und lassen Sie sofort wieder los. Bei nervösen, schreckhaften Pferden sollte die Druckstärke anfangs nicht mehr als eine Drei betragen, sonst ist meist eine Vier angebracht. Davon ausgehend können Sie den Druck verstärken oder vermindern, je nachdem was die Reaktion des Pferdes über seine Empfindlichkeit oder Stabilität verrät. Sehr empfindliche Pferde reagieren schon auf eine Zweierstärke, andere, ganz entspannte, brauchen vielleicht mehr Druck. Manchmal fällt die erste Reaktion heftig aus, weil das Pferd nicht auf das Gefühl gefasst war. Deshalb sollte man den Druck immer wiederholen, um sicherzugehen, dass die Reaktion nicht ein Überraschungseffekt war.

Gehen Sie den Hals entlang zu den Schultern und dann zu den Seiten. Achten Sie genau auf die Reaktionen des Pferdes. Ist es von Natur aus empfindlich oder hat Schmerzen, schlägt es vielleicht mit dem Kopf, tritt zurück, weicht aus, hält die Luft an oder droht zu schlagen oder zu beißen. Das ist seine Art, mit Ihnen zu „sprechen", hören Sie also genau zu und seien Sie vorsichtig. Ein gesundes Pferd ohne irgendwelche Schmerzen oder Verspannungen sollte im Allgemeinen eine leichte Reaktion auf einen Druck der Stärke 5 zeigen, aber keine Angst oder Verkrampfung. Zeigt das Pferd wenig oder gar keine Reaktion, ist es entweder ein ruhiger, ausgeglichener Typ, oder Sie haben mehr mit den Fingerkuppen als mit den Spitzen gedrückt. Am besten lernt man den Grad der Muskelverspannung und Empfindlichkeit natürlich dann einschätzen, wenn man viele Pferde untersucht und ihre Reaktion mit dem angewandten Druck vergleicht.

Die Druckstärken

◆ Für die TTouches verwenden wir eine Skala der Druckstärke von 1–9. Ein Gefühl für die Stärke 1 bekommen Sie, wenn Sie den Daumen an die eigene Wange legen und mit dem Mittelfinger mit dem leichtest möglichen Druck einen Eineinviertel-Kreis auf dem Augenlid beschreiben. Aber nicht nur darüber streichen, die Haut muss sich dabei leicht bewegen (Vorsicht bei Kontaktlinsen!). Das Gleiche machen Sie dann am Unterarm und merken sich, wie wenig die Haut dabei eingedrückt wird. Das ist Stärke 1.

◆ Für Stärke 3 machen Sie etwas kräftigere Kreise auf dem Lid, die aber noch nicht unangenehm sein dürfen. Dann machen Sie das Gleiche wieder am Unterarm und merken sich, wie tief die Haut diesmal eingedrückt wird. Auch Stärke 3 ist immer noch sehr leicht.

◆ Verdoppeln Sie den Druck und drücken die Haut doppelt so tief ein, haben Sie Stärke 6. Knicken Sie das jeweils erste Fingerglied ab, so dass die Fingernägel senkrecht in den Muskel am Arm eindringen.

◆ Für Stärke 9, die nur gelegentlich angewendet wird, drücken Sie dreimal so stark wie für Stärke 3.

Die Eineinviertel-Kreise

Grundlage für den TTouch ist eine kreisförmige Bewegung, die Wolkenleopard-TTouch heißt (Seite 14). Es ist der erste TTouch, den unsere Schüler lernen, weil die dabei angewendeten Techniken und Prinzipien für alle kreisförmigen TTouches gelten. Falls Sie sich darüber wundern, dass die verschiedenen TTouches und viele der Bodenübungen Tiernamen statt Nummern tragen – Tiere inspirieren mich, und so haben wir jeden TTouch und jede Führposition nach einem Tier genannt, das uns spontan für die Übung repräsentativ erschien. Ich weiß, es ist eine ungewöhnliche und originelle Verbindung zum Tierreich, aber ich

hoffe, dadurch kommt auch ein bisschen Spaß und Humor in die manchmal übertrieben ernste Pferdewelt.
Als Erstes stellen Sie sich das Zifferblatt einer Uhr vor, etwa so groß wie ein Euro, irgendwo auf dem Pferdekörper. Legen Sie die linke Hand leicht ans Pferd und die Finger der rechten Hand – leicht gekrümmt, wie eine Pfote – auf 6 Uhr, also unten auf dem imaginären Zifferblatt. Der Daumen bleibt leicht am Pferd liegen. Verschieben Sie die Haut auf dem Zifferblatt in einem 1 1/4-Kreis – einmal herum und etwa bis 8 oder 9 Uhr – und lassen Sie wieder los. Macht das Pferd einen entspannten Eindruck, nehmen Sie die Finger weg und beginnen an irgendeinem anderen Punkt von neuem.
Wir machen die Kreise anfangs oft an beliebigen Stellen, um die Aufmerksamkeit des Pferdes zu erhalten. Es wird aufpassen, weil es nicht weiß, wo die nächste Berührung ansetzt. Da jeder Kreis eine in sich geschlossene Bewegung ist, macht es keinen Unterschied, in welcher Reihenfolge Sie den Pferdekörper bearbeiten.
Wenn das Pferd den TTouch akzeptiert, verbinden Sie die Kreise im Abstand von etwa 5 cm auf einer Linie parallel zur Oberlinie des Pferdes mit einem leichten Seitwärtsgleiten der Finger (siehe Zeichnung). Wichtig ist, an ein und derselben Stelle immer nur einen 1 1/4-Kreis zu machen. Viele machen anfangs den Fehler, die Kreise immer an derselben Stelle zu machen, was das Pferd irritiert. Achten Sie auf wirklich runde Kreise in einer glatten, fließenden Bewegung. Atmen Sie ruhig und gleichmäßig und stellen Sie sich – die Füße etwa hüftbreit auseinander und nicht zu steif in den Knien – so hin, dass Sie nicht gebissen oder getreten werden können.

Wenn das Pferd bei den ersten Kreisen herumzappelt, machen Sie sie ziemlich schnell, etwa einen pro Sekunde.
Sobald das Pferd Vertrauen fasst und anfängt, die Berührungen zu genießen, nehmen Sie sich für jede Kreisbewegung zwei bis drei Sekunden Zeit. Am Ende solch einer langsamen Kreisbewegung nehmen Sie die Finger nicht einfach bei 8 Uhr unvermittelt vom Pferd weg, sondern machen einen Augenblick Pause und geben allmählich nach, als ob die Finger von einem Schwamm nach oben und vom Pferd weg gedrückt würden. Dann lassen Sie die Finger in einer fließenden Bewegung seitwärts zum nächsten Kreis gleiten.

Wozu brauchen Pferde ohne Probleme den TTouch?

Die TTouches sind nicht nur für Pferde mit körperlichen Schwierigkeiten oder Verhaltensproblemen gedacht, sondern stellen eine humane, logische und wirkungsvolle Ergänzung zu den meisten Trainingsmethoden dar. Mit ihnen kann man Pferde schneller und besser entspannen, die sportliche Leistung verbessern, ein neues Gefühl der Bewusstheit erreichen, bei Sportpferden den Stress abbauen, die Lernfähigkeit steigern, Tierärzten und Hufschmieden die Arbeit erleichtern und ganz allgemein die Aufmerksamkeit des Pferdes auf den Menschen erheblich verbessern.

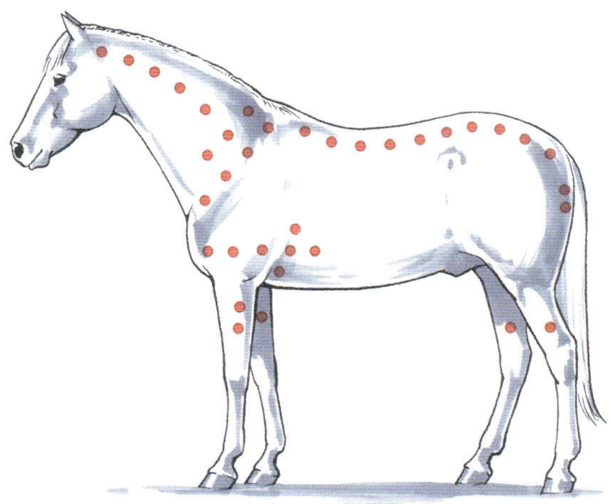

KETTE, FÜHRSTRICK UND GERTE

Die Führkette (ein Führstrick mit einem Stück Kette und einem Karabinerhaken) und die Gerte geben Ihnen kombiniert maximale Kontrolle über das Pferd und halten es zugleich leicht, willig und im Gleichgewicht.

Was brauchen Sie?

- Ein passendes Leder- oder Nylonhalfter mit Ringen,
- einen 2 m langen Führstrick mit einer 75 cm langen Kette,
- eine 1,30 m lange, möglichst weiße Dressurgerte.

Denken Sie daran, ...

... manche Menschen lehnen Ketten ab, weil sie schon erlebt haben, dass damit Missbrauch betrieben wurde. Richtig angewandt ist die Führkette aber ein wunderbares Hilfsmittel, um das Pferd auf klare, leichte Signale am Halfter einzustellen (in Vorbereitung auf die Zügelhilfen). Sie darf aber immer nur zusammen mit der Gerte und der Stimme und niemals zum Anbinden verwendet werden.

Die Führkette anlegen

1 Zuerst wird das Halfter so verschnallt, dass der Nasenriemen drei Finger breit unterhalb der vorstehenden Jochbeine liegt. Die folgenden Anweisungen gehen davon aus, dass Sie links vom Pferd stehen, da die meisten Pferde auch von links geführt werden. Denken Sie aber daran, dass das Pferd sich auch unter dem Sattel besser nach beiden Seiten biegen wird, wenn es gewohnt ist, von beiden Seiten geführt zu werden.

2 Ziehen Sie die Kette mit dem Karabinerhaken von oben nach unten durch den linken unteren Ring am Halfter.

3 Nun legen Sie die Kette über den Nasenriemen – nicht direkt über die Nase des Pferdes. Führen Sie sie von innen nach außen durch den rechten unteren Halfterring.

4–5 Haken Sie den Karabiner in den oberen rechten Halfterring ein und achten Sie darauf, dass er nach außen zeigt und nicht etwa in die Haut kneift. Ist die Kette zu lang, ziehen Sie sie durch den oberen Ring nach unten und haken sie in passender Länge in ein Kettenglied ein. Es sollten etwa 12 cm Kette auf der Führseite herunterhängen.

Die Gerte

◆ Um ganz klar zu machen, dass wir die Gerte nicht zum Strafen brauchen, nennen wir sie im Englischen nicht *whip*, sondern *wand*, Zauberstab, denn es grenzt wirklich an Zauberei, wie schnell man ein Pferd damit konzentrieren kann. Ein nervöses Pferd wird ruhig, ein langsames geht besser vorwärts. Im Deutschen hat sich aber auch für die TTEAM-Arbeit das Wort „Gerte“ eingebürgert, und dabei soll es nun auch bleiben.

◆ Zum Antreten: Streichen Sie Rücken und Kruppe zwei-, dreimal mit festen Strichen ab, tippen Sie dem Pferd dann auf die Kruppe und fordern Sie es gleichzeitig mit der Stimme und einem Vorwärtssignal an der Kette (zupfen und loslassen) zum Antreten auf.

◆ Zum Anhalten: Tippen Sie mit der Gerte ein paar Mal an die Brust des Pferdes und geben Sie ein Signal mit Stimme (zum Beispiel „hooo!“) und Führkette.

Die Lama-Leine

Wenn die Kette Ihnen nicht geheuer oder Ihr Pferd extrem sensibel ist, versuchen Sie es statt der Kette mit einem weichen Strick.

Trägt das Pferd von Natur aus den Kopf lieber hoch und wehrt sich, zum Beispiel durch Kopfschlagen, dagegen, ihn zu senken, können Sie die Führkette auch nur auf einer Seite befestigen, wie es die nebenstehende Zeichnung und die Fotos auf Seite 11 zeigen. Wir haben die Erfahrung gemacht, dass Pferde so oft eher bereit sind, den Kopf zu senken.

1

2

3

4

5

DEN PFERDEKOPF SENKEN

Eine hohe Kopfhaltung ist ein Zeichen für Nervosität! Bringen Sie das Pferd ohne Gewalt dazu, den Kopf zu senken, überwinden Sie seinen Fluchtinstinkt und verbessern sein körperliches und seelisches Gleichgewicht.

Wozu?

Das Kopfsenken ist hilfreich bei der Körperarbeit (zum Beispiel bei Maul- und Ohren-TTouches), beim Scheren, beim Tierarzt- oder Schmiedbesuch. Es dient auch zur Entspannung und Beruhigung bei anderen Behandlungsmethoden wie Akupunktur oder Chiropraktik. Guckige, nervöse Pferde lernen, entspannt stehen zu bleiben. Wenn das Pferd den Kopf gesenkt hat, überwindet es seinen Flucht- oder Kampfreflex. Das Kopfsenken vom Boden aus dient außerdem als Vorbereitung auf das Reiten, siehe Lindas Tipp.

Denken Sie daran, ...

... idealerweise sollte das Pferd den Kopf so halten, dass das Genick etwa 10 cm tiefer liegt als der Widerrist. Wenn es ihn noch weiter senkt, kann es passieren, dass es sich etwas zu sehr entspannt – „einschläft" – und überhaupt nicht mehr aufpasst.

Den Pferdekopf senken

1 Mit einer Hand fassen Sie an den Nasenriemen, die andere liegt am Genick auf dem Mähnenkamm. Mit leichtem Druck auf den Nasenriemen und Wolkenleopard-TTouches (S. 14) am Mähnenkamm fordern Sie das Pferd auf, den Kopf zu senken. Bei manchen Pferden hilft es, Kopf und Hals leicht hin und her zu schaukeln, aber wenn auch das nicht hilft, versuchen Sie es mit den folgenden Schritten.

2–3 Schnallen Sie die Führkette seitlich ins Halfter, statt sie über die Nase zu führen. Streichen Sie Hals, Brust und Beine bis zum Boden mit der Gerte ab und fordern Sie das Pferd mit leichtem Zupfen und Nachgeben an der Kette zum Kopfsenken auf.

4 Hält es den Kopf immer noch hoch, gehen Sie in die Hocke und beugen den Oberkörper leicht vor. Achten Sie darauf, sich sicherheitshalber leicht seitlich hinzuhocken, nicht genau vor das Pferd. Diese Ihre Körpersprache ermutigt das Pferd, den Kopf zu senken. Stehen Sie dann ganz langsam wieder auf und halten Sie den Pferdekopf unten. Verspannte Pferde oder solche mit hoher Kopfhaltung machen anfangs oft ein paar Schritte nach vorn, wenn sie zum Kopfsenken aufgefordert werden. Lassen Sie das nicht zu, sondern streichen Sie die Brust mit der Gerte ab, damit sie stehen bleiben.

Lindas Tipp

Wenn Sie vom Sattel aus den Pferdekopf senken wollen, können Sie den Wolkenleopard-TTouch anwenden (Seite 14) und zwar am Mähnenkamm, gleich hinter dem Genick.

Kopfsenken von vorn

Stellen Sie sich genau vor das Pferd und legen Sie die leicht gekrümmten Finger beider Hände leicht auf den Nasenriemen. Nicht festhalten, nur die Finger aufsetzen! Wenn das Pferd mit dem Kopf schlägt, müssen Sie loslassen können, um nicht verletzt zu werden. Drücken Sie mit den Fingern den Nasenriemen leicht nach unten und geben Sie gleich wieder nach. Nützt das nichts, halten Sie mit einer Hand die Führkette und drücken Sie mit der anderen den Nasenriemen nach unten.

1

2

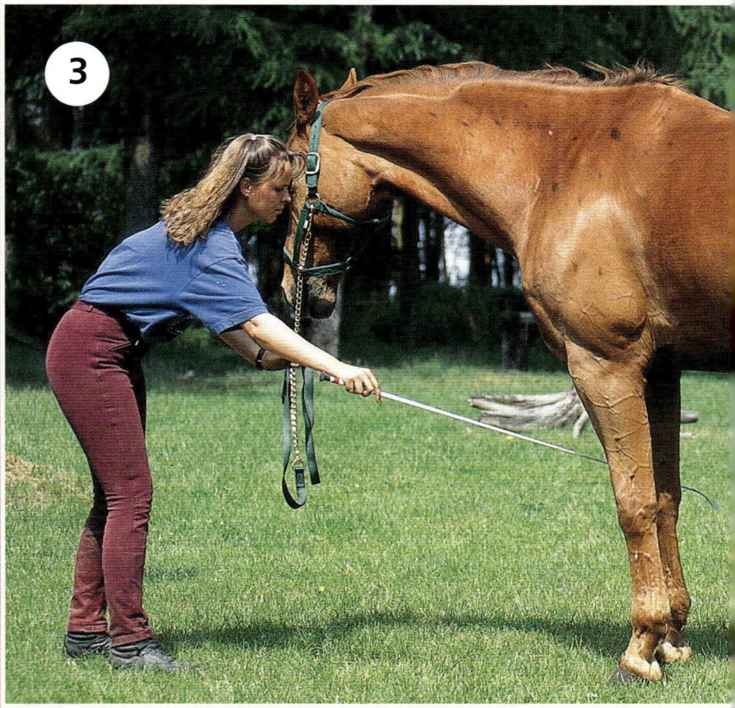
3

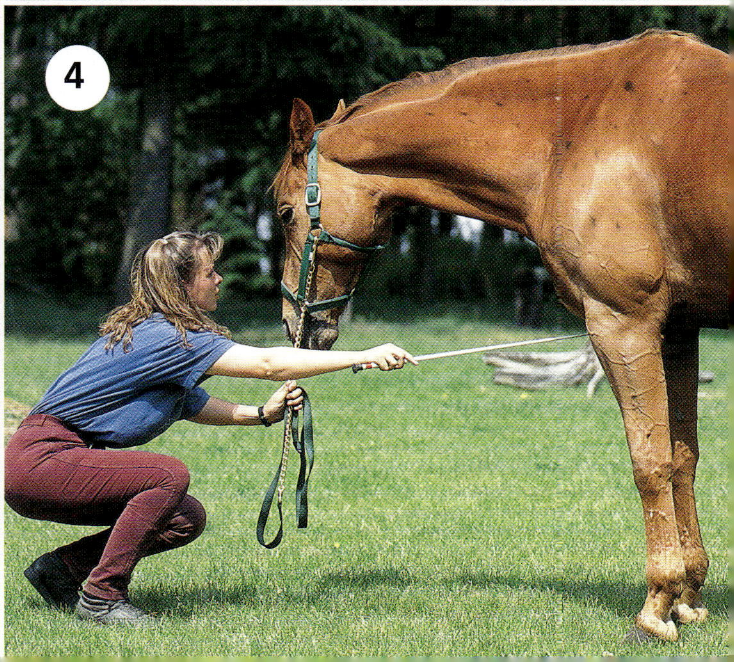
4

DEN TIGER ZÄHMEN

Bei dieser Übung wird das Pferd einseitig angebunden und lernt höchst wirkungsvoll Geduld und Selbstdisziplin und schließlich, auch allein beidseitig angebunden stehen zu bleiben.

Wozu?

Es ist ein wesentliches Hilfsmittel für Pferde, die beim Hufschmied oder Tierarzt nicht still stehen oder herumzappeln, schlagen und beißen, wenn man sie putzen oder sattteln will und keinen Helfer zur Hand hat. Außerdem lernt das Pferd, angebunden stehen zu bleiben.

Lindas Tipp

Halten Sie mit Kette und Leine Kontakt, wenn das Pferd bei der Körperarbeit nicht stehen bleibt. So kann es sich nicht viel bewegen. Nicht schimpfen, ganz ruhig bleiben. Wenn es die richtige Reaktion zeigt und stehen bleibt, geben Sie allmählich nach, bis es den Kopf wieder frei hat.

Denken Sie daran, ...

... wenn das Pferd den Kopf drehen und zusehen kann, während Sie es putzen oder TTouches machen, fühlt es sich eingebunden in den Vorgang und nicht nur unterworfen. Mit freiem Kopf fällt es ihm auch leichter, Ihnen kleine Hinweise darauf zu geben, dass Sie sich einer Problemstelle nähern, und Ihnen fällt es leichter, diese Hinweise wahrzunehmen. Wenn Sie sein „Flüstern" nicht hören, bleibt ihm nur das „Schreien" – mit Zähnen und Hufen.

Den Tiger zähmen

1 Stellen Sie das Pferd parallel zu einer Wand oder einem Anbindebalken auf und binden Sie es in der Höhe, in der Sie den Pferdekopf haben möchten, am Anbindering oder am Balken fest.

2 Besteht die Gefahr, dass das Pferd rückwärts geht, befestigen Sie die Kette seitlich am Halfter in einer der beiden unten beschriebenen Möglichkeiten.

3 Ziehen Sie den Führstrick von sich weg durch den unteren Halfterring hinter dem Pferdekinn und dann durch den Anbindering oder um den Balken. Dann befestigen Sie ihn mit einem Sicherheitsknoten im seitlichen Halfterring.

4 Halten Sie Strick und Führkette in einer Hand, getrennt durch den Zeigefinger, wie im Foto unten zu sehen. So haben Sie die andere Hand frei, um das Pferd mit der Gerte abzustreichen oder TTouches zu machen. Die Gerte ist auch sehr wichtig, um das Pferd wieder richtig hinzustellen, wenn es herumzappelt. Um den Pferdekopf seitlich in der einen oder anderen Richtung zu fixieren, müssen Sie den Strick nachlassen oder verkürzen können. Er muss deshalb ganz glatt durch den Anbindering oder um den Pfosten laufen.

Das brauchen Sie ...

... einen sicheren Anbindeplatz in einer Ecke
... eine Führleine mit einer Kette
... einen ca. 6 m langen und 7 mm starken Führstrick
... eine 1,30 m lange steife Dressurgerte

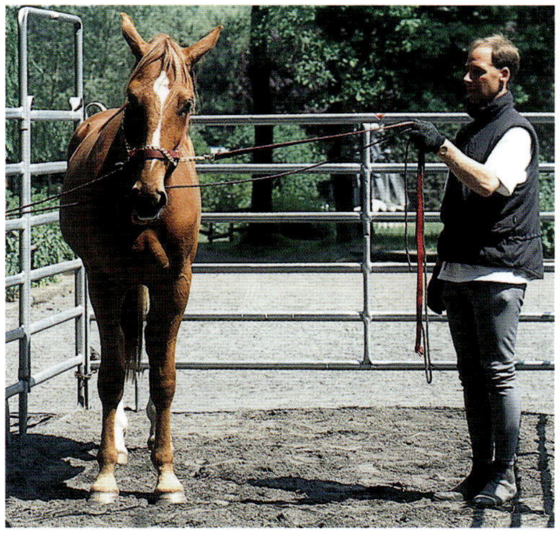

Was machen Sie, ...

... wenn das Pferd sich gar nicht anbinden lässt?
Binden Sie das Pferd so an, dass es in kurzer Entfernung eine solide Begrenzung nach hinten hat. Lassen Sie den Strick nach, wenn es zurückzieht, und streichen und klopfen Sie dann die Hinterbeine mit der Gerte ab, um es zum ruhigen Vortreten zu ermuntern. Wenn es vorn keinen Widerstand spürt, wird es vermutlich sofort damit aufhören. Sobald es vortritt, nehmen Sie wieder mehr Kontakt mit dem Strick auf. Druck im Genick bringt viele Pferde dazu, nach rückwärts zu ziehen, eine instinktive Reaktion, die Sie überwinden müssen. Wer je versucht hat, ein Fohlen zum ersten Saugen unter den Bauch der Mutter zu schieben, kennt den Frust: Das Fohlen drückt gegen die Hand, statt den Kopf zu senken.

... wenn Sie keinen glatten Anbindebalken haben?
Der Strick muss frei gleiten können. Ziehen Sie ihn durch einen Metallring, der an der Wand oder dem Balken befestigt ist.

... wenn es zurückzieht?
Binden Sie es so an, dass ihm nach hinten kein Platz bleibt, und wenden Sie die Dingo-Führposition an (S. 42).

WOLKENLEOPARD-TTOUCH

Der Wolkenleopard-TTouch gehört zu den Basisberührungen. Er stärkt das Selbstvertrauen des Pferdes, hilft gegen Rücken- und Muskelschmerzen, Überempfindlichkeit und Verspannung und mindert Stress.

Denken Sie daran, ...

... wenn Sie Ihr Pferd aufwecken oder aktivieren möchten, machen Sie die Eineinviertel-Kreise schnell, d.h. einen in einer Sekunde. Wollen Sie das Gegenteil erreichen und das Pferd entspannen, machen Sie die Kreisbewegungen langsam, etwa eine in drei Sekunden.

Lindas Tipp

Durch Wolkenleopard- und Waschbär-TTouches (siehe Mitte unten) auf der Stirn des Pferdes können Sie Vertrauen aufbauen. Probieren Sie sie mal bei Pferden, die sich nicht einfangen lassen oder beim Aufsteigen nicht stehen bleiben. Oder einfach bei ängstlichen, verspannten und allgemein überempfindlichen Pferden.

Wolkenleopard-TTouch

1 Legen Sie mit gewölbter Hand die Fingerkuppen nahe beieinander aufs Fell. In der Zeichnung zeigen die schraffierten Flächen an, welcher Teil der Finger mit dem Pferd in Berührung kommen soll. Die andere Hand legen Sie in bequemem Abstand ebenfalls an den Pferdekörper (aber an einer Stelle, die dem Pferd angenehm ist), sodass beide Hände eine Verbindung haben und Sie sich besser ausbalancieren können. Ruhig und gleichmäßig atmen. Ihre Entspanntheit wird vom Pferd reflektiert, und das gleichmäßige Atmen hilft Ihnen, locker und beweglich zu bleiben.

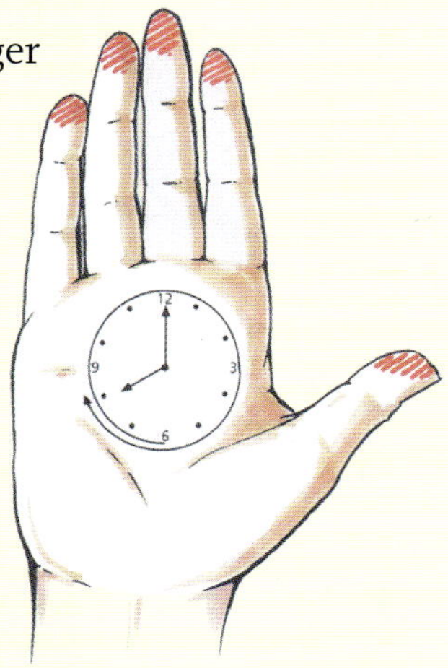

2 Verschieben Sie mit den Fingerkuppen die Haut in einem 1 1/4-Kreis von etwas mehr als 1 cm Durchmesser und lassen Sie langsam wieder los. Stellen Sie sich das Zifferblatt einer Uhr vor und beginnen Sie bei 6 Uhr. Machen Sie einen ganzen Kreis und dann weiter bis 9 Uhr, lassen Sie los und gleiten Sie zum Anfang des nächsten Kreises. Wir fangen bei 6 Uhr an (statt z. B. bei 12 Uhr), damit die Berührung mehr aufwärts als abwärts geht. Wenn Sie sich selbst von einem Freund oder einer Freundin die Kreise mit den verschiedenen „Anfangszeiten" machen lassen, werden Sie den Unterschied merken. Der Daumen hält Verbindung zum Pferd und den anderen Fingern. Achten Sie aber darauf, wirklich die Haut über dem Muskel zu verschieben und nicht nur mit den Fingern darüberzugleiten.

Was machen Sie, ...

... wenn Ihr Pferd die Berührung nicht mag?

Probieren Sie verschiedene Druckstärken, Geschwindigkeiten, Körperteile und TTouches aus. Achten Sie auf eine ruhige und gleichmäßige Atmung, darauf, in den Knien zu federn, die Finger weich und entspannt zu halten und die Kreise wirklich rund und in einer einzigen fließenden Bewegung zu machen. Haben Sie damit keinen Erfolg, versuchen Sie, das Pferd mit ein paar Bodenübungen (ab Seite 36) zu beruhigen und auf sich zu konzentrieren.

... wenn es gar keine Reaktion zeigt?

Finden Sie heraus, was ihm gefällt. Kleine Signale dafür sind: leichtes Senken des Kopfes, Veränderung der Atmung oder dass es die Augen schließt. Die vom TTouch ausgehenden sensorischen Impulse verbessern auf jeden Fall ganz allgemein seine Gesundheit.

An welchen Körperteilen hauptsächlich?

Waschbär-TTouch

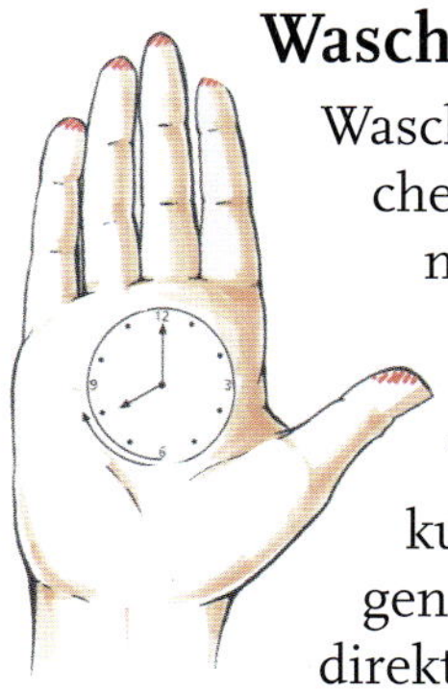

Waschbären machen winzige Bewegungen mit ihren Pfötchen, und dieser TTouch beinhaltet eine Reihe winzig kleiner Kreise, ausgeführt nur mit den Fingerspitzen (nicht den Fingernägeln!). Handhaltung wie beim Wolkenleopard-TTouch, nur noch mehr gewölbt. Dieser TTouch regt die Durchblutung an und ist sehr wirkungsvoll bei Prellungen, Schwellungen um Verletzungen herum – auch an empfindlichen Stellen, wo die Haut direkt über dem Knochen aufliegt, wie um das Auge herum.

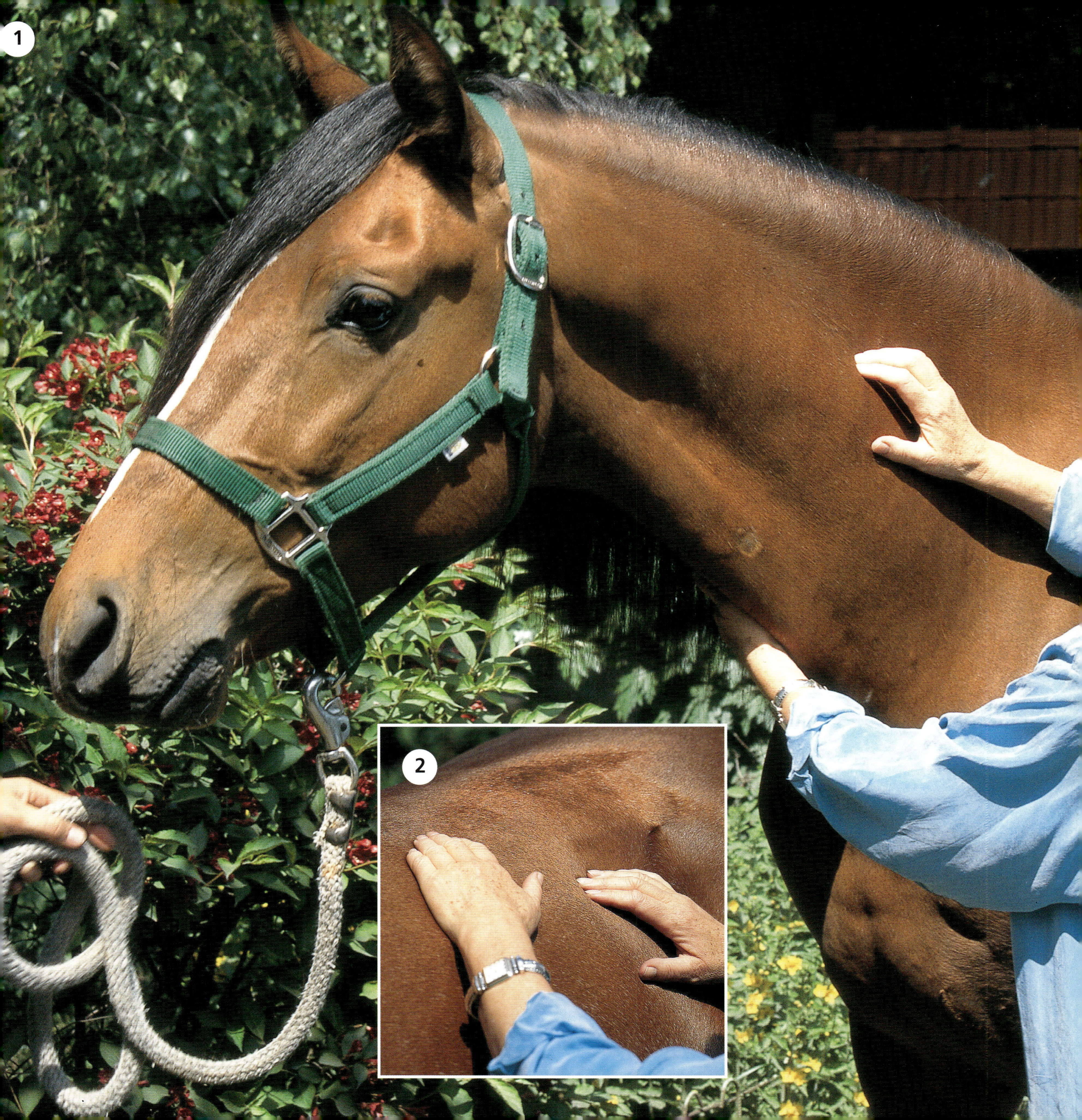
1
2

LIEGENDER-LEOPARD-TTOUCH

Der Liegende Leopard ist eine Variante des Wolkenleopard-TTouches, bei dem die Finger flächiger eingesetzt werden als bei diesem. Er ist besonders für empfindliche, „kitzlige“ und nervöse Pferde geeignet.

Wozu?

Die nur leicht gewölbte, fast flache Hand erzeugt eine größere warme Berührungsfläche als die Fingerkuppen allein. Da außerdem nur leichter Druck ausgeübt wird, hat diese Berührung eine beruhigende und entspannende Wirkung. Der Liegende-Leopard-TTouch wirkt gegen Verspannungen, Nervosität und Stress und hilft bei Gurt- und Sattelzwang. Er ist so sanft, dass er auch bei frischen Verletzungen angewendet werden kann und Schmerz und Schwellung vermindert. Über einer wirklich schmerzhaften Verletzung wird die Hand so gehalten, dass die leichte Wölbung genau darüber liegt. Die Haut wird mit einer 2er Druckstärke bewegt.

Welche Körperteile hauptsächlich?

Liegender-Leopard-TTouch

1 Ähnlich wie der Wolkenleopard-TTouch, nur dass die Hand weniger gewölbt wird, so dass eine größere Fläche aufliegt. Wie in der Zeichnung zu sehen, erzeugen die Fingerglieder und der Handballen mehr Berührungswärme. Achten Sie darauf, die Fingergelenke leicht gebogen zu halten. Dadurch bleiben auch Hand, Arm und Schultern locker. Die andere Hand liegt zur besseren Balance ebenfalls am Pferd.

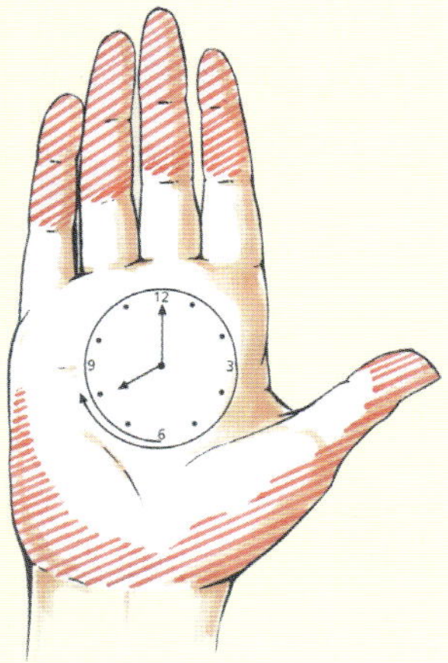

2 Wie der Wolkenleopard-TTouch ist auch dieser eine einzelne Kreisbewegung im Uhrzeigersinn, ausgeführt mit dem Daumen, der die Hand stabilisiert, und den Fingern. Verschieben Sie mit den Fingern die Haut in einem 1 1/4-Kreis, halten Sie sie einen Augenblick und lassen Sie dann los. Der Kreis beginnt um 6 Uhr, damit die Haut zuerst nach oben bewegt wird. Sonst würde die Haut nach unten gezogen und eher gestrafft als entspannt.

3 Ist ein Kreis beendet, machen Sie eine kurze Pause und lassen die Finger zum nächsten gleiten. Durchschnittszeit: zwei Sekunden.

Was machen Sie, ...

... wenn das Pferd dabei nicht stehen bleibt?
Versuchen Sie es mit der Kreisbewegung entgegen dem Uhrzeigersinn. Hilft das nicht, ändern Sie die Geschwindigkeit – machen Sie die Kreise etwas schneller und werden Sie langsamer, wenn sich das Pferd entspannt. Oder variieren Sie die Druckstärke.
Achten Sie darauf, dass die Kreise rund und Ihre Finger entspannt sind und Sie ruhig und gleichmäßig atmen. Ihre eigene Verfassung wirkt sich auf das Pferd aus. Nehmen Sie sich also die Zeit, einen klaren Kopf zu bekommen und tief durchzuatmen, bevor Sie anfangen. Sind Sie konzentriert und entspannt, wird das Pferd es ebenfalls sein.

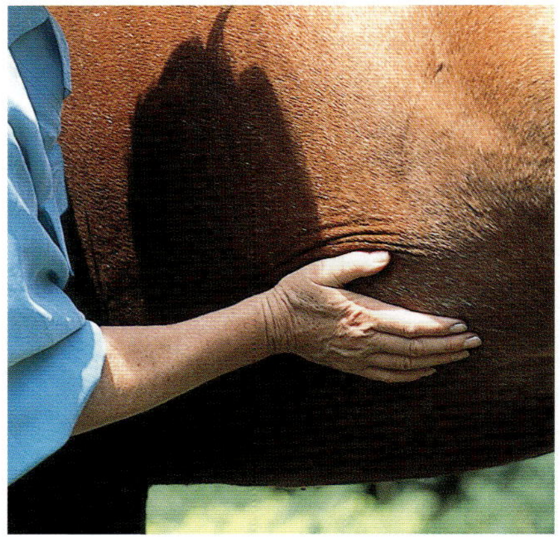

Muschel-TTouch

Beim Muschel-TTouch schmiegt sich die ganze Hand der Rundung des Pferdekörpers an. Dadurch können größere Hautpartien, zum Beispiel im Gurtbereich, am Bauch oder an den Flanken, bewegt werden. Er ist gut für Pferde mit Gurt- oder Sattelzwang und eignet sich auch für stark bemuskelte Körperteile wie Schultern, Rücken, Kruppe oder die Innenseite der Schenkel. Dieser TTouch hilft dem Pferd zu atmen oder auszuatmen, wenn es die Luft anhält.

Denken Sie daran, ...

... dieser TTouch ist besonders nützlich für junge Pferde, um durch den Kontakt Selbstvertrauen aufzubauen.

PYTHON-TTOUCH

Der Python-TTouch wird hauptsächlich an den Beinen angewendet. Er fördert die Durchblutung, verbessert Raumgriff und Trittsicherheit und hilft gegen Verspannungen im Hals, in den Schultern und an der Hinterhand.

Wozu?

Gegen die Verkrampfung bei Gurtzwang, oft für Kitzligkeit gehalten. Bei langen Fahrten im Hänger oder Transporter in den Pausen angewandt, hilft seine Durchblutung fördernde Wirkung dem Pferd, besser das Gleichgewicht zu halten.

Was machen Sie, ...

... wenn das Pferd sich an den Beinen nicht anfassen lässt?
Streichen Sie die Beine von oben nach unten mit der Gerte ab. Akzeptiert es die Gerte, versuchen Sie es mit ein paar TTouches die Beine hinunter und wechseln über zum kombinierten TTouch. Python-TTouches vom Ellbogen bis zum Huf beruhigen schreckhafte oder nervöse Pferde.

Welche Körperteile hauptsächlich?

Python-TTouch

1 Legen Sie die flachen Hände unterhalb des Ellbogengelenks um das Pferdebein. Mit leichtem Druck die Haut etwas nach oben verschieben und dabei tief einatmen. Ein paar Sekunden dort oben halten, langsam in die alte Position zurückgleiten lassen und dabei ausatmen. Sie können mit der Druckstärke, der Länge und der Geschwindigkeit experimentieren, müssen aber immer darauf achten, nicht nur mit den Händen über das Fell zu gleiten. Nehmen Sie sich für die Abwärtsbewegung doppelt so viel Zeit. Das fördert die Durchblutung und beruhigt.

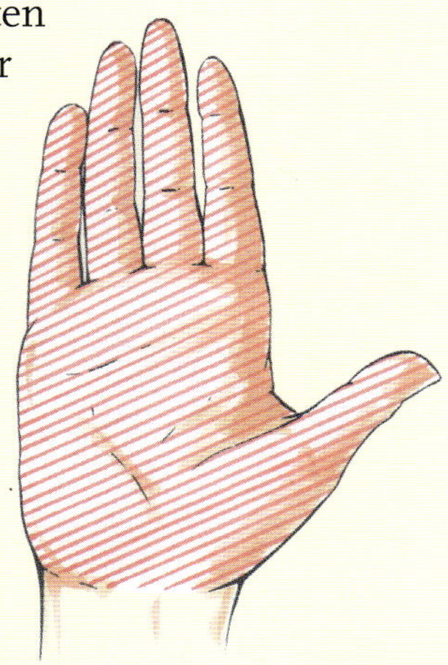

2 Eine halbe Handbreit darunter machen Sie den nächsten Python-TTouch.

3–4 Die Handhaltung hängt davon ab, ob Sie in die Hocke gehen (3) oder aufrecht stehen (4). Sicherer ist es, neben dem Pferd zu stehen. Setzen Sie sich in der Hocke nicht auf die Fersen, damit Sie notfalls schnell wieder auf die Füße kommen. Wählen Sie Ihre Position so, dass Sie möglichst die ganzen Handflächen flach auflegen können.

5 Den letzten Python-TTouch machen Sie in der Fesselbeuge.

Lindas Tipp

Wenn bei einem Pferd der Fluchtinstinkt ausgelöst wird, zieht sich das Blut aus den Beinen in Herz und Lungen zurück. Wird die Durchblutung in den Beinen aktiviert, kann das Pferd diesen Fluchtinstinkt leichter überwinden. Es wird selbstsicherer und für den Menschen weniger gefährlich. Natürlich müssen Sie bei einem aufgeregten Pferd sehr aufpassen und immer darauf gefasst sein, sich in Sicherheit zu bringen. Der Python-TTouch ist auch gut für Pferde, die sehr schnell gewachsen sind. Sie brauchen oft länger, bis sie mit ihrem Körper umgehen können. Der Python-TTouch bringt Gefühl in die Beine, und je bewusster und sicherer sie stehen, desto mehr verbessern sich Koordination und Gleichgewicht.

Kombinierter TTouch

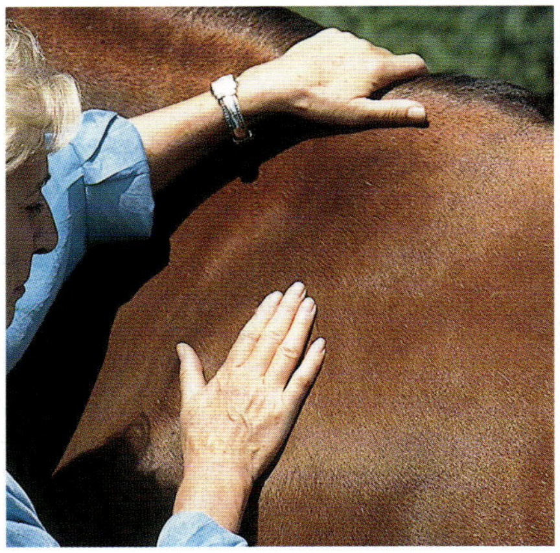

Dieser TTouch ist eine Kombination aus Liegender-Leopard-TTouch und Python-TTouch. Nach der 1 1/4-Kreisbewegung die Haut mit der flachen Hand von 9 Uhr senkrecht nach oben schieben bis 11 Uhr, dort einen Augenblick halten und dann langsam wieder herunterlassen bis 6 Uhr. Den kombinierten TTouch kann man am ganzen Pferdekörper anwenden. Ich verbinde die einzelnen TTouches oft, indem ich mit der Hand über das Fell zur nächsten Stelle gleite. Wenn Sie den kombinierten TTouch am Kopf machen, schieben Sie die Haut nur mit den Fingerkuppen (nicht den Fingerspitzen) hoch statt mit der ganzen Hand.

1

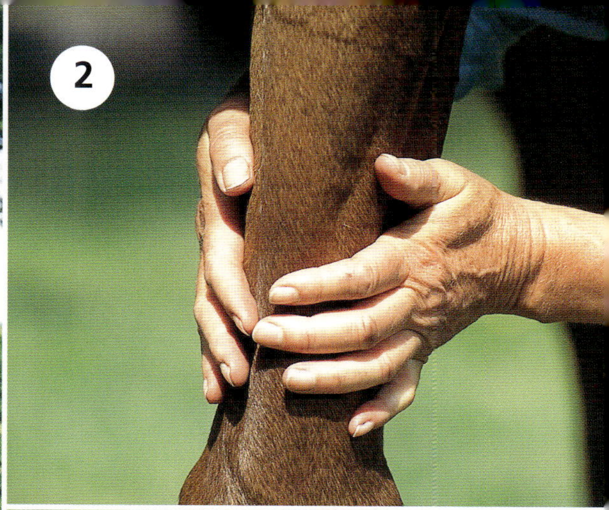
2

3

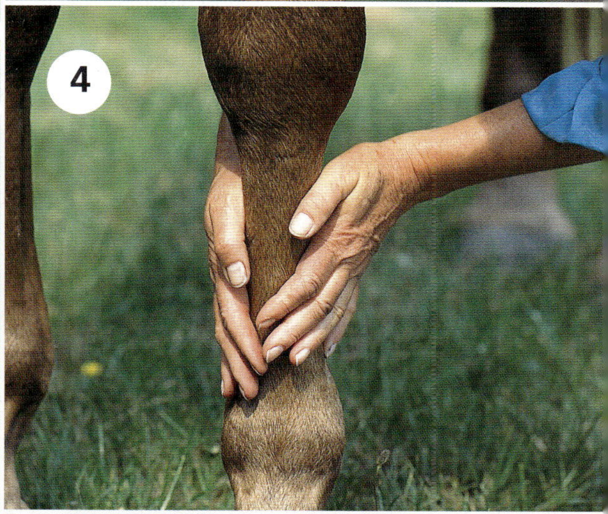
4

5

OHRENARBEIT UND TTOUCHES

TTouches an den Ohren können den ganzen Pferdekörper beeinflussen. Sie können damit ein nervöses, ängstliches Pferd beruhigen, ein erschöpftes stärken, Puls und Atmung senken und Schmerzen durch Verletzung oder Kolik lindern.

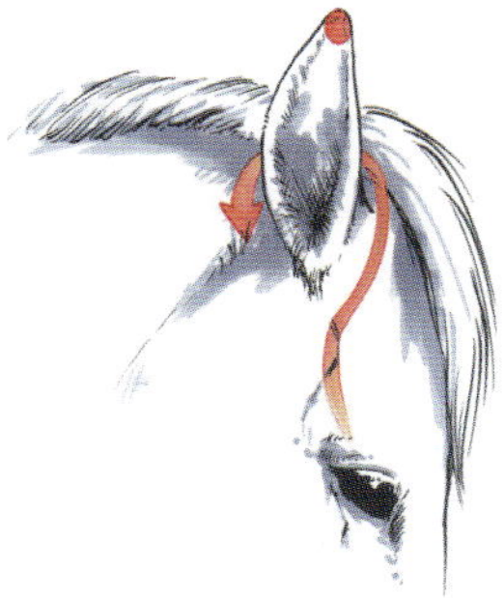

Wozu?

Die Wirksamkeit der Ohrenarbeit ist aus der Akupunktur und der Akupressur bekannt und gilt auch für Pferde. Die Arbeit am Ohrenansatz wirkt auf den Dreifacher-Erwärmer-Meridian, der Verdauung, Atmung und Fruchtbarkeit beeinflusst. Beispielsweise atmet ein Pferd, das sich sehr fürchtet, schnell und flach, oft begleitet von einem Gefühl der Beengung im Bauch. Diese Symptome lassen sich am schnellsten durch Ohrenarbeit beheben. Am Ohr befinden sich viele Punkte, die andere Körperteile beeinflussen. Sie zu stimulieren hat einen positiven Effekt auf das Immunsystem. Das Schönste an der Ohrenarbeit ist, dass Sie gar nicht genau zu wissen brauchen, wo diese Punkte sitzen.

Das Ohr vom Ansatz bis zur Spitze (wo sich der Schockpunkt befindet) auszustreichen, verhindert einen Schockzustand und kann lebensrettend sein.

Ohrenarbeit

1 Stellen Sie sich vor das Pferd und veranlassen Sie es mit einer Hand seitlich am Halfter, den Kopf zu senken, während Sie mit der anderen das Ohr vom Ansatz bis zur Spitze ausstreichen.

2 Lässt sich das Pferd nicht gern an die Ohren fassen, machen Sie zuerst ein paar Liegender-Leopard- oder Muschel-TTouches auf seiner Stirn, lassen die Hand dann zum Ohransatz wandern und streichen diesen vorsichtig mit der Handkante ab.

3 Den größten Entspannungseffekt erzielen Sie, wenn Sie das Ohr leicht nach vorn ziehen (siehe Foto), es mit der Hand umfassen und vom Ansatz bis zur Spitze streichen. Mit der anderen Hand halten Sie auf der entgegengesetzten Seite das Halfter fest. So können Sie dem leichten Zug entgegenwirken und den Pferdekopf gerade halten.

4 Akzeptiert das Pferd die Berührung an den Ohren, können Sie als nächsten Schritt den Daumen ins Ohrinnere gleiten lassen, während Sie das Ohr ausstreichen. Das ist eine Vorbereitung auf winzige Waschbär-TTouches auf der Außen- und Innenseite des Ohres. Überall am Ohr befinden sich Akupunkturpunkte, die Auswirkungen auf verschiedene Körperteile haben. Diese Punkte lassen sich durch den TTouch stimulieren, was allgemein die Gesundheit verbessert oder, wenn es um spezielle körperliche Dysfunktionen geht, Steifheit oder Arthritis positiv beeinflussen kann. Waschbär-TTouches im Ohrinneren sind hilfreich, um das Pferd auf das Scheren oder eine Behandlung durch den Tierarzt vorzubereiten.

Lama-TTouch

Pferde, die sich nicht gern an die Ohren fassen lassen, akzeptieren den TTouch oft, wenn man dazu den Handrücken nimmt. Krümmen Sie die Finger und machen Sie mit dem Handrücken Kreise auf der Stirn und an den Ohren des Pferdes. Selbst Pferde, die sich überhaupt nicht gern anfassen lassen, akzeptieren oft den Lama-TTouch. Auch eine Wollsocke über der Hand, ein Stück Schaffell oder ein Handwärmer oder einfach eine nasse Hand können manchen Pferden die Berührung angenehmer machen.

Lindas Tipp

- Um Ihr Pferd vor einem Ausritt in kaltem und windigem Wetter oder vor einem Turnier, wenn es nervös und aufgeregt ist, zu beruhigen, machen Sie fünf Minuten Ohrenarbeit. Sie werden feststellen, dass Sie sich dadurch eine halbe Stunde Abreiten sparen können, die Sie sonst gebraucht hätten, bis es sich entspannt hätte. Zusätzlich hat es den Vorteil, dass ein steifes Pferd locker wird, bevor Sie überhaupt aufsitzen.
- In einer Notsituation müssen Sie die Ohren-TTouches schnell und bestimmt machen.

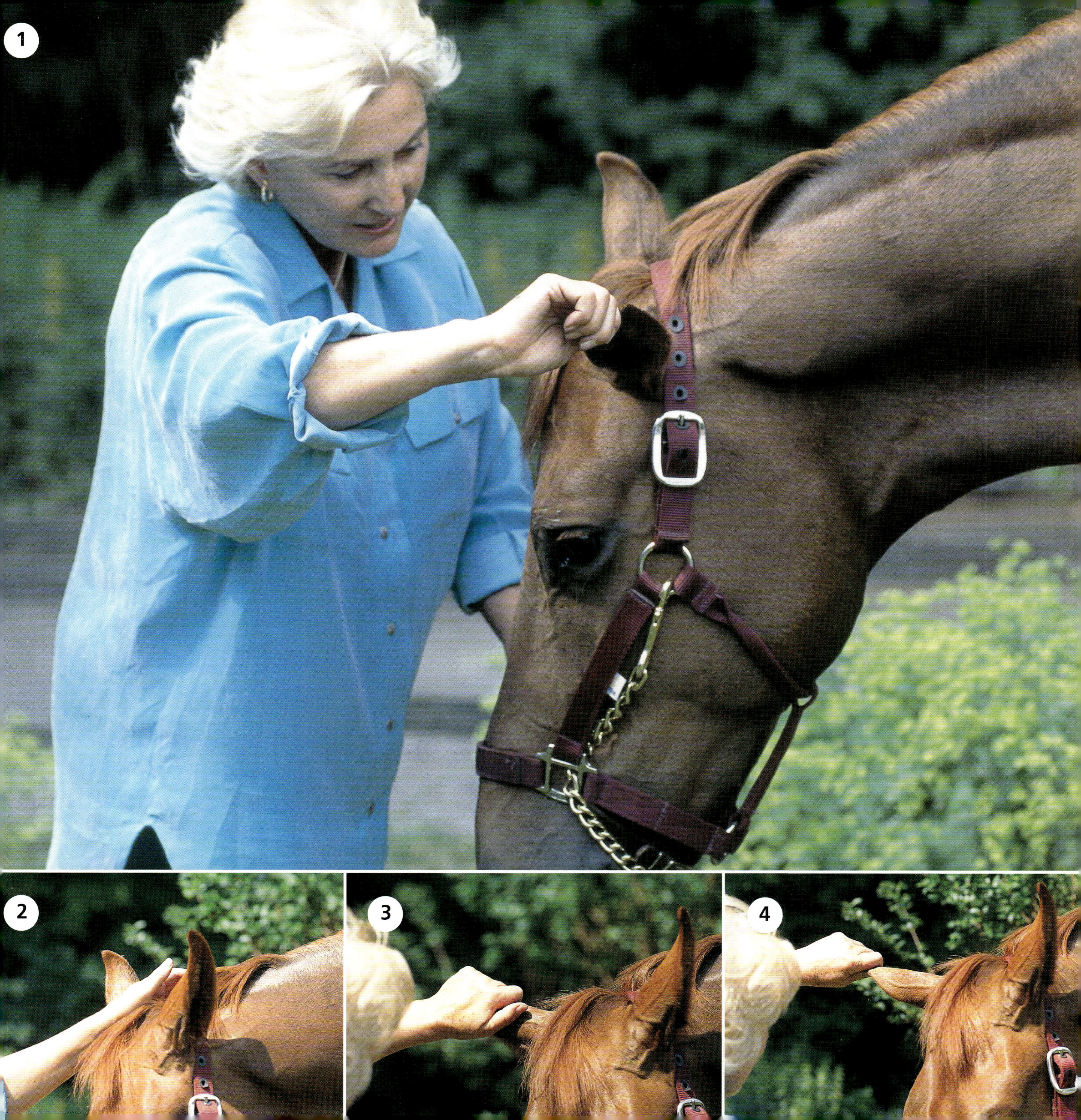
1
2
3
4

MAULARBEIT UND TTOUCHES

Der Bereich unter der Oberlippe steht in direkter Verbindung zum limbischen System, dem emotionalen Zentrum im Gehirn und „Tor zum Lernen“. Diese Arbeit kann schreckhafte oder schwer einzufangende Pferde positiv beeinflussen.

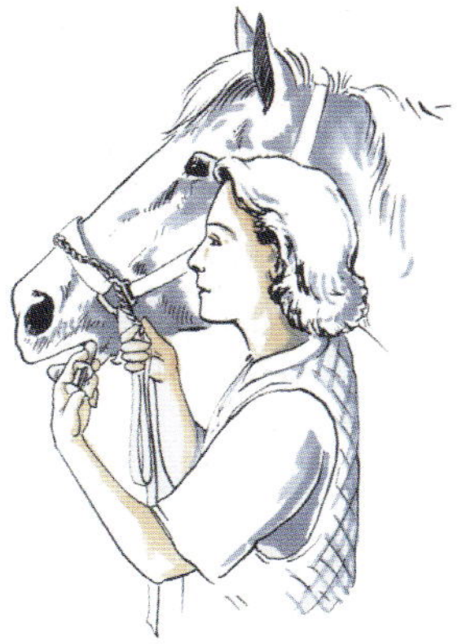

Wozu?

Die Maularbeit wird in TTEAM routinemäßig gegen Widersetzlichkeit, Nervosität, Zähneknirschen, Beißen und Schnappen eingesetzt. Sie ist auch eine hervorragende Vorbereitung auf Wurmkuren, Zähneraspeln und die erste Bekanntschaft eines jungen Pferdes mit dem Gebiss.

Denken Sie daran, ...

... dass die Arbeit im Maul für Ihr Pferd wahrscheinlich eine ganz neue Erfahrung ist. Schlägt es mit dem Kopf, ziehen Sie die Kette über den Nasenrücken, damit es still hält, und steckt es die Nase in die Luft, befestigen Sie die Kette seitlich am Halfter (siehe Foto 4) und lassen es den Kopf senken. Pferde mit Problemen beim Auftrensen ändern oft ihr Verhalten, wenn sie gelernt haben, auf den sanften Druck eines Daumens im Maulwinkel hin das Maul zu öffnen.

Maularbeit und TTouches

1 Wenn das Pferd gelernt hat, auf Verlangen den Kopf zu senken, stellen Sie sich mit derselben Blickrichtung daneben und halten es mit einer Hand fest am Halfter. Beginnen Sie mit Liegender-Leopard-TTouches um das Maul, die Nase und das Kinn herum.

2 Schieben Sie die flache Hand zwischen Oberlippe und Gaumen. Der Daumen bleibt draußen. Ist das Maul zu trocken, befeuchten Sie Ihre Hände, damit sie leichter über das Zahnfleisch gleiten.

3 Halten Sie die Finger eng zusammen und bewegen Sie die Hand vier- oder fünfmal ganz oben am Gaumen waagrecht hin und her.

4 Kneten Sie dann sanft die Unterlippe zwischen dem Daumen innerhalb der Lippe und den Fingern außerhalb, eingehakt in die Kinngrube. Beginnen Sie in einem Maulwinkel und arbeiten Sie sich die Unterlippe entlang zum anderen Maulwinkel. Sie können mit dem Daumen leicht über die Innenseite der Unterlippe reiben oder miteinander verbundene Kreise machen. Fünf Minuten können bei einem nervösen Pferd Wunder wirken.

Zungenarbeit

Schieben Sie zwei Finger ins Pferdemaul, wo sonst das Gebiss auf der Zunge aufliegt. Tippen Sie mit dem Zeige- und Mittelfinger auf die Zunge, als ob Sie Flöte oder Klavier spielen würden. Der Daumen bleibt draußen, in der Kinngrube verankert. Anfangs sperren viele Pferde das Maul auf oder schlagen mit dem Kopf, weil das Gefühl so fremd ist, aber wenn Sie sanft und doch konsequent bleiben, beruhigen sie sich bald und genießen die Berührung. Halten Sie den Pferdekopf seitlich am Halfter fest und achten Sie darauf, die Finger in der Lücke zwischen den Zähnen, den Laden, zu behalten.

Was machen Sie, ...

... wenn Ihr Pferd die Nase in die Luft steckt?

Gehen Sie mit. Drücken Sie ihm von unten den Kopf noch etwas höher und fixieren Sie ihn ca. eine halbe Minute in dieser Stellung. Dann darf es den Kopf wieder senken. Die meisten Pferde halten den Kopf danach tiefer. Wenn nicht, machen Sie wieder die Übung zum Kopfsenken (S. 10) mit der seitlich eingehakten Kette. Manchmal bringt es mehr, die Fingerrücken zu verwenden, eine feuchte Baumwollsocke oder ein Tuch über die Hand zu ziehen und Kreise entgegen dem Uhrzeigersinn außen am Pferdemaul zu machen. Das wirkt oft wahre Wunder selbst bei den widerspenstigsten Pferden.

... wenn es schnappt oder beißt?

Bei einem gefährlichen Beißer benutzen Sie als Schutz die Den-Tiger-zähmen-Position (S. 12). Üben Sie die Maularbeit zuerst an einem gutmütigen Pferd. Junge Pferde schnappen oft, weil sie als Fohlen an den Menschen herumknabbern durften. Aber auch normaler Spieltrieb oder schlichte Langeweile können Pferde zum Beißen und Schnappen veranlassen. Durch die Maularbeit lassen sich diese Unarten fast immer abstellen.

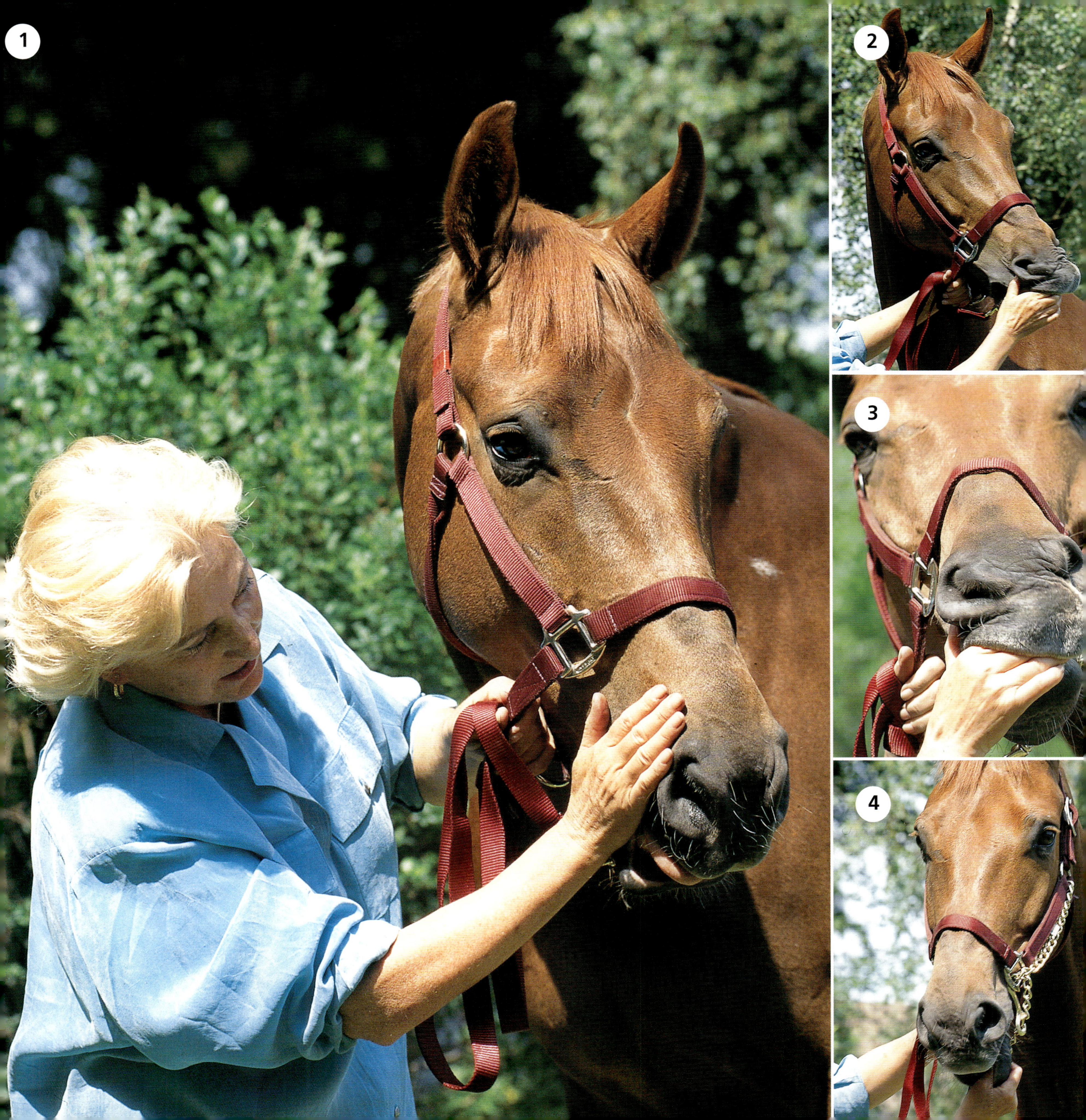
1
2
3
4

BAUCHHEBEN

Es hilft dem Pferd, seine Bauchmuskeln zu entspannen und besser durchzuatmen. Besonders nützlich bei Kolik, während Sie auf den Tierarzt warten, bei hoch tragenden Stuten, steifen und rückenempfindlichen Pferden und Sattelzwang.

Wozu?

Bei dieser Übung heben wir kurzfristig den Effekt der Schwerkraft auf und entspannen die Rückenmuskulatur. Bauch- und Rückenmuskeln können sich erholen. Bei Kolik können Sie damit tatsächlich die Krämpfe lösen und die Peristaltik – die natürliche Bewegung der Eingeweide – reaktivieren. Die meisten Pferde holen beim Bauchheben tief Luft und senken den Kopf – Zeichen der Entspannung –, wobei Stress und Anspannung verschwinden.

Denken Sie daran, ...

... tief und gleichmäßig zu atmen. Stellen Sie die Füße etwa hüftbreit auseinander, mit elastischen, nicht steif durchgedrückten Knien. Zur Schonung des Rückens wird das Gewicht auf den Fußballen ausbalanciert und das Tuch aus der Körpermitte heraus angehoben, nicht nur mit den Armen und dem Rücken.

Bauchheben

1 Ein langes Badetuch wird der Länge nach auf etwa 15 cm Breite zusammengefaltet. Stellen Sie sich links neben das Pferd und legen Sie ihm das Tuch über den Rücken. Ziehen Sie das untere Ende mit einer Hand unter dem Pferdebauch durch zu sich herüber und halten Sie das andere Ende über dem Rücken fest.

2 Die obere Hand bleibt ruhig liegen, die untere zieht das Tuch sehr langsam nach oben. Die meisten Pferde finden das angenehm und bleiben ruhig stehen. Halten Sie das Tuch etwa 6 Sekunden fest, bei nervösen oder unruhigen Pferden anfangs auch etwas kürzer. Genießt Ihr Pferd das Bauchheben, können Sie das Tuch aber auch länger, bis zu 15 Sekunden, hoch halten.

3 Ganz langsam wieder loslassen. Bis das Tuch wieder lose ist, sollten etwa 10 Sekunden bzw. etwa das Doppelte der zum Anziehen benötigen Zeit vergehen. Dieses langsame Nachlassen ist sehr wichtig, weil nur so der gewünschte Effekt der Muskelentspannung erreicht wird.

4 Verschieben Sie das Tuch jeweils um ca. 15 cm (eine Handtuchbreite) in Richtung Flanken; anheben, festhalten und langsam wieder loslassen. Manche Pferde sind in der Flankengegend sehr kitzlig, besonders wenn sie auch noch Schmerzen haben, aber verschieben Sie das Tuch so weit nach hinten, wie es das Pferd duldet. Sie können vier oder fünf Durchgänge machen, jeweils von der Gurtgegend aus in Richtung Flanken. Bei einer Kolik hören Sie wahrscheinlich dabei verstärkte Darmgeräusche.

Lindas Tipp

Diese Übung empfiehlt sich auch sehr für junge Pferde, als Vorbereitung auf das erste Satteln.

Bauchheben mit Sattelgurt

Sie können das Bauchheben auch mit dem Sattelgurt machen, vor allem bei Pferden, die sich beim Satteln aufblähen, unter Gurt- oder Sattelzwang leiden oder nach dem Aufsitzen gern losbuckeln. Mit einer Hand halten Sie den Sattel an Ort und Stelle, mit der anderen ziehen Sie den Gurt wie das Tuch langsam nach oben.

Bauchheben mit Helfer

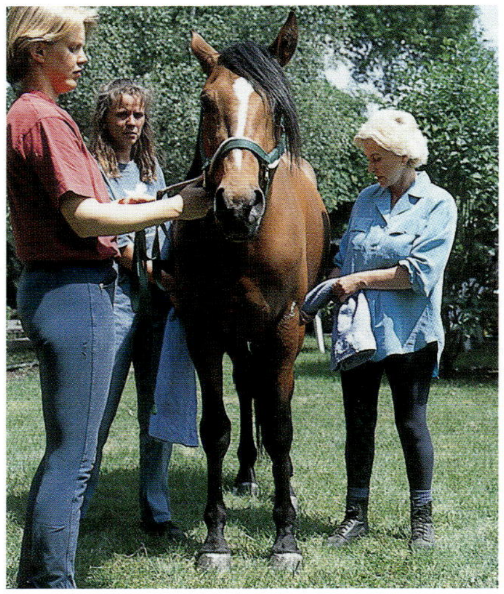

Das Bauchheben lässt sich auch zu zweit durchführen. Besonders wenn das Handtuch nicht lang genug ist, leistet ein Helfer gute Dienste. Einer hält – wie auf dem Foto zu sehen – das Tuch ganz ruhig auf einer Seite fest, der andere hebt es langsam an, hält es etwa 5 Sekunden fest und gibt ganz langsam wieder nach.

Was machen Sie, ...

... wenn Ihr Pferd Kolik hat?
Messen Sie Temperatur und Pulsschlag des Pferdes und rufen Sie den Tierarzt. Dann beginnen Sie mit Ohren-TTouches (S. 20) gegen die Schmerzen und gehen zum Bauchheben über. Viele Tierärzte halten dies für wesentlich wirkungsvoller als das übliche Herumführen des Pferdes.

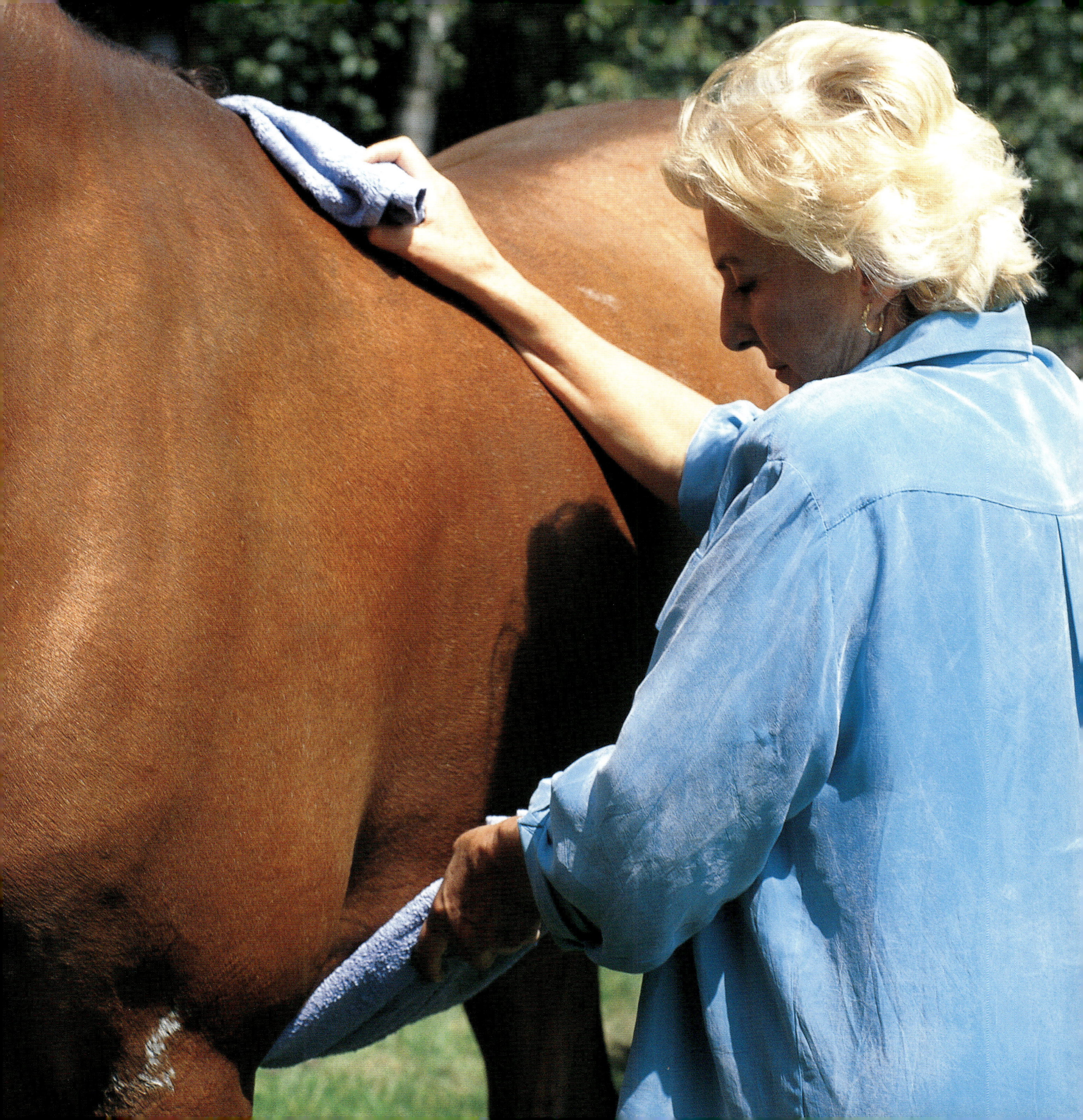

RÜCKENHEBEN

Beim Rückenheben wird durch die Kontraktion der Bauchmuskulatur der Rücken angehoben. Das Pferd senkt den Kopf, macht den Hals lang und lässt die Muskeln in Hals und Rücken los.

Wozu?

Diese Methode, die Bauchmuskulatur anzuspannen und den Rücken anzuheben, ist besonders gut zur Entspannung der Rückenmuskulatur. Wenn der Rücken sich hebt, senkt das Pferd meist den Kopf, die Oberlinie wird länger und gerader. Rückenheben ist eine sehr gute Übung für Pferde, die unter dem Reiter den Rücken wegdrücken, steif sind, sich mit dem Untertreten schwer tun oder einen Hirschhals oder Senkrücken haben.

Denken Sie daran, ...

... dass manche Pferde kitzlig sind. Fangen Sie also vorsichtig an mit diesem TTouch. Wenn Sie dem Pferd plötzlich die Finger in den Bauch drücken, ist die natürliche Reaktion, dass es nach Ihrer Hand schlägt wie nach einer Fliege. Halten Sie die Hand deshalb anfangs so weit vorn, dass es Sie nicht treffen kann.
Bei sehr empfindlichen, kitzligen Pferden empfehlen sich zur Vorbereitung Liegender-Leopard-TTouches, Muschel-TTouches oder Das-Lecken-der-Kuhzunge (S. 28) auf oder neben der Bauchlinie.

Rückenheben

1 Hier zeigt Linda Tellington-Jones mit Hilfe der Gerte den Unterschied in der Rückenhöhe, vor und nach dem Rückenheben. Die Gerte wird für die Übung nicht gebraucht, sie dient hier nur Demonstrationszwecken. Stellen Sie sich auf Gurthöhe neben das Pferd und beginnen Sie mit ein paar Liegender-Leopard-TTouches entlang der Bauchlinie, damit das Pferd vorbereitet ist und nicht reflexhaft ausschlägt.

2 Mit gekrümmten Fingern – die Handflächen nach oben – kurz neben der Bauchnaht die Fingerspitzen in den Bauch (siehe Foto rechts) drücken. Fangen Sie mit einem sanften Druck an und verstärken Sie ihn, wenn das Pferd nicht reagiert. Sie können sogar die Fingernägel (mittel-, nicht ganz lang) einsetzen. Der Druck sollte nicht konstant sein, sondern ein schnelles Drücken und Nachgeben. Manche Pferde sind am Bauch so empfindlich, dass man den Rücken mit der flachen Hand anheben kann.

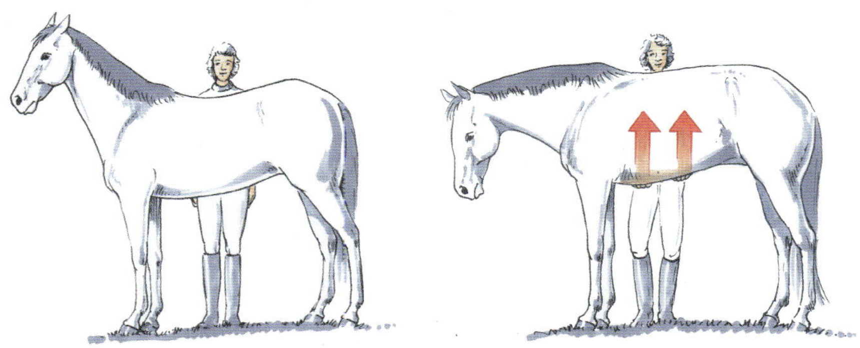

Das Rückenheben verändert die Stellung der Rückenwirbel zueinander und erlaubt dem Pferd, den Kopf zu senken. Das ist ein sehr nützlicher zusätzlicher Effekt, weil Pferde, besonders nervöse Pferde, sich entspannen, wenn sie den Kopf senken. Deshalb dürfen Sie das Pferd dabei nicht zu fest am Kopf halten, sondern müssen ihm genug Kopffreiheit lassen.

Was machen Sie, ...

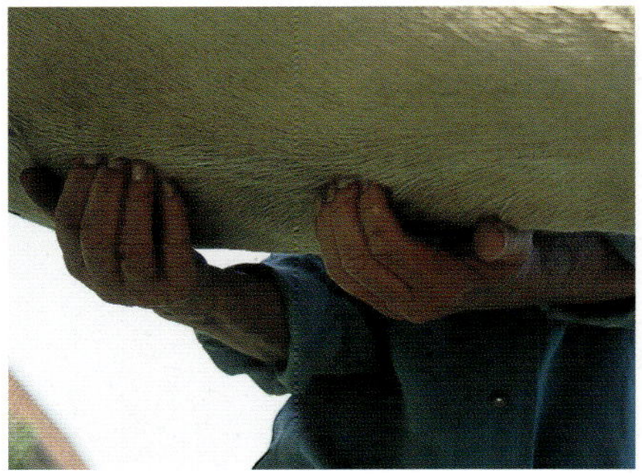

... wenn das Pferd den Rücken nicht anhebt?
Setzen Sie Ihre Fingernägel an verschiedenen Stellen nahe der Bauchnaht ein. Falls Sie nicht sicher sind, ob es den Rücken anhebt, bitten Sie einen Helfer, die Oberlinie zu beobachten. Aus Ihrer Position heraus ist der Höhenunterschied schwer zu beurteilen. Reagiert das Pferd, können Sie durch regelmäßiges Rückenheben seinen Rücken stärken. Mit der Zeit wird es wahrscheinlich schon den Rücken aufwölben, wenn Sie nur über seinen Bauch streichen.

Lindas Tipp

Rücken schonend: Füße hüftbreit auseinander, in den Knien federn, Rücken gerade halten.

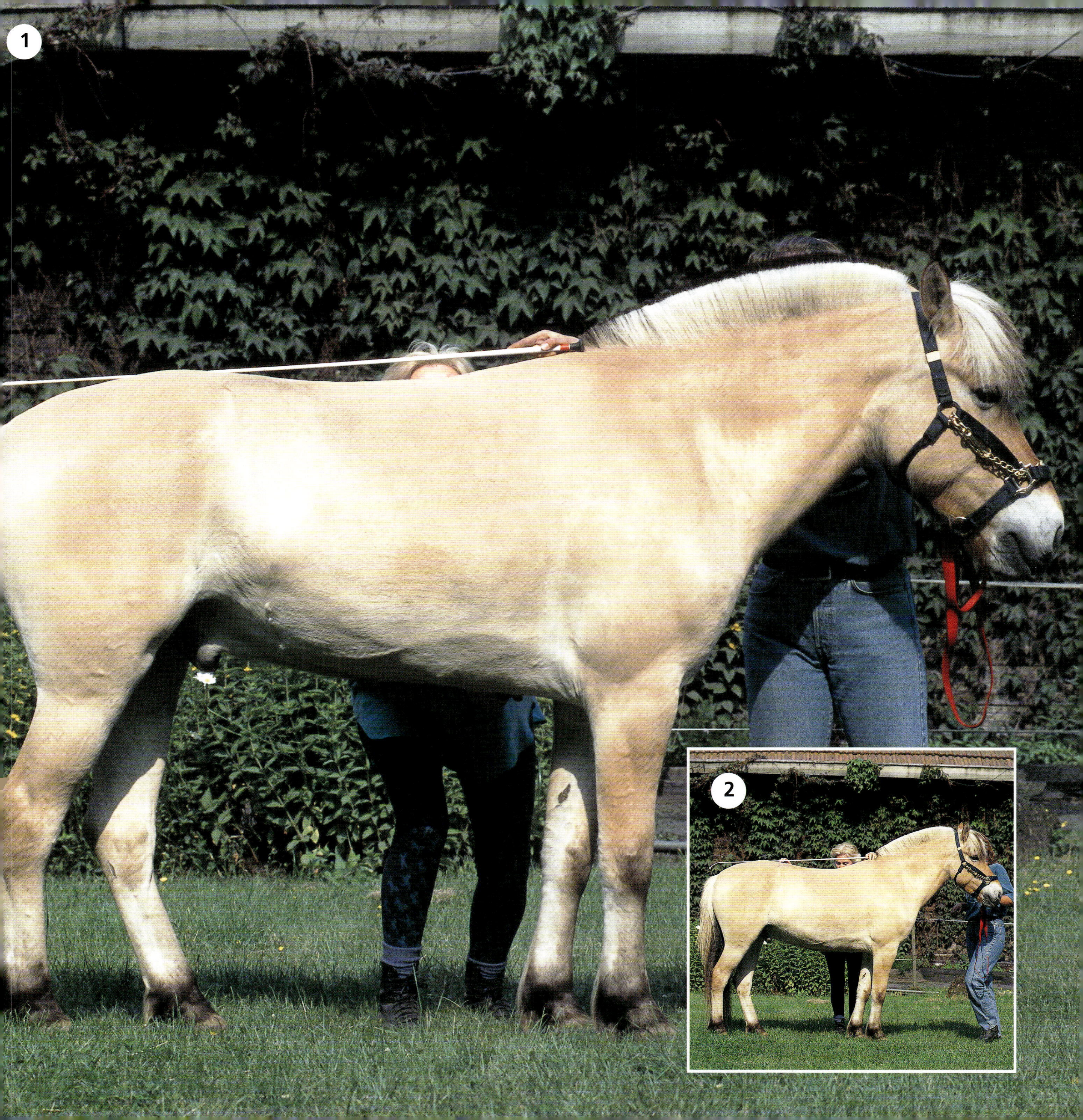
1
2

DAS LECKEN DER KUHZUNGE

Dieser TTouch verdeutlicht dem Pferd die Verbindung von Bauch und Rücken, gibt ihm eine bessere Vorstellung von sich selbst und verbessert dadurch Selbstvertrauen, Koordination, Gleichgewicht und Gangvermögen.

Wozu?

Dieser TTouch lindert Muskelschmerzen nach anstrengender Arbeit und macht Pferde mit steifem oder verspanntem Rücken locker.

Denken Sie daran, ...

... dieser TTouch verbessert die Geschmeidigkeit, so dass die Pferde sich besser biegen sowie in der Versammlung besser unter- und seitwärts treten können. Selbst sehr steife Pferde wälzen sich nach dem Reiten wieder genüsslich, wenn sie jeden Tag nur 5 Minuten von beiden Seiten mit dem Lecken der Kuhzunge bearbeitet werden. Auch an Schulter, Hals oder Hinterhand anzuwenden, immer quer zur Fellrichtung.

Lindas Tipp

Wenn Ihr Pferd einmal nach der Arbeit erhitzt und verschwitzt ist, ziehen Sie sich einen feuchten Baumwollsocken über die Hand, wenn Sie diesen TTouch anwenden wollen. Die Feuchtigkeit kühlt, und der TTouch hilft dem Pferd, sich von der Anstrengung schneller zu erholen.

Das Lecken der Kuhzunge

1 Stellen Sie sich auf Gurthöhe neben das Pferd. Um besser das Gleichgewicht zu halten, legen Sie eine Hand flach auf den Rücken, den Bauch oder die Brust, mit der anderen beginnen Sie mit dem Lecken der Kuhzunge ungefähr in der Bauchmitte.

2 Eine Hand legen Sie mit leicht gespreizten und gekrümmten Fingern – von Ihnen wegzeigend – auf den Unterbauch, kurz nach der Mitte. Ziehen Sie nun die Hand mit einem langen, sanften Strich über das Fell nach oben bis zum Rücken.

3 Ungefähr auf der Hälfte des Rumpfs müssen Sie die Hand leicht drehen, so dass die Finger von da an nach oben zeigen.

4 Die Hand nach oben schieben bis über das Rückgrat. Fingerspitzen und Handballen sind in Berührung mit dem Pferd. Beginnen Sie den nächsten Strich jeweils eine Handbreit hinter dem vorigen. Probieren Sie verschiedene Druckstärken und Geschwindigkeiten aus und vergessen Sie nicht, beide Seiten gleichmäßig zu bearbeiten.

Eine Variante

Wenn das Pferd auf die langen Striche überempfindlich reagiert, können Sie sie mit Liegender-Leopard-TTouches kombinieren. Ein kurzes Stück über das Fell streichen, einen Liegender-Leopard-TTouch machen, ein Stückchen weiter streichen usw., bis es sich entspannt und nicht mehr kitzlig ist (siehe Zeichnung). Möglicherweise müssen Sie es mehrfach versuchen.

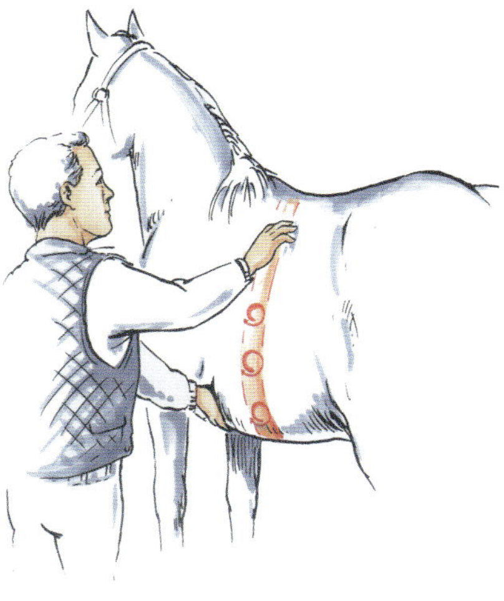

Was machen Sie, ...

... wenn das Pferd kitzlig bleibt oder mit der Haut zuckt?
Versuchen Sie es mit ganz anderen TTouches. Beginnen Sie mit Bauchheben oder Muschel-TTouch und versuchen Sie ganz sanft noch einmal die Kombination aus Liegender-Leopard-TTouch und Lecken der Kuhzunge, wie in der Variante unten beschrieben.

... wenn das Pferd im Bereich um Euter oder Schlauch empfindlich ist?
Viele Menschen schenken diesen Bereichen keine Aufmerksamkeit, obwohl sie ebenso sauber gehalten werden müssen wie das übrige Pferd. Zur Eingewöhnung machen Sie Muschel-TTouches mit einem feucht-warmen Baumwolltuch oder -handschuh. Nehmen Sie Rücksicht auf etwaige Ängste und Unruhe des Pferdes und machen Sie dann kurze Pausen, so dass es merkt, Sie achten auf sein Befinden und es kann Ihnen vertrauen.

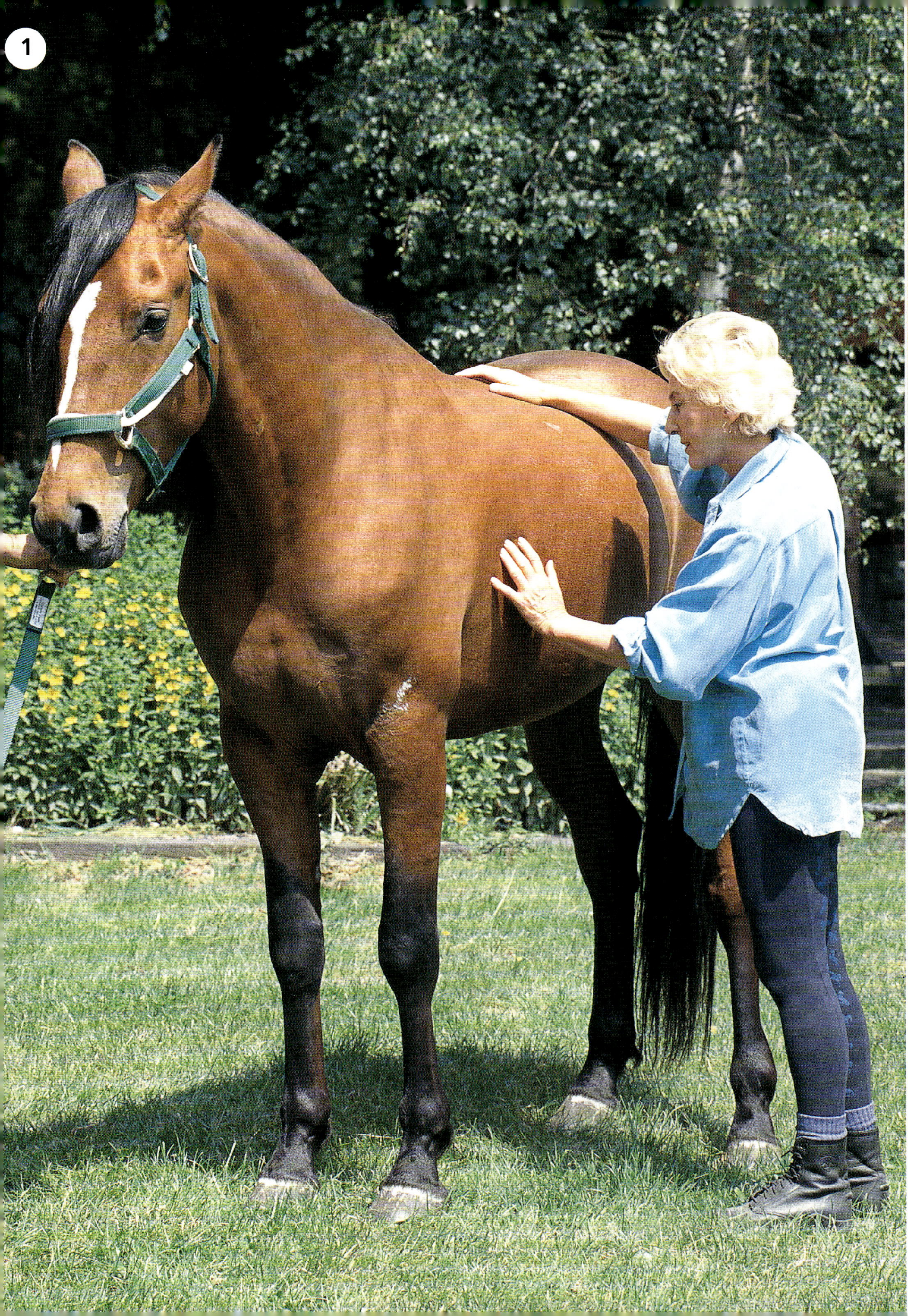
1
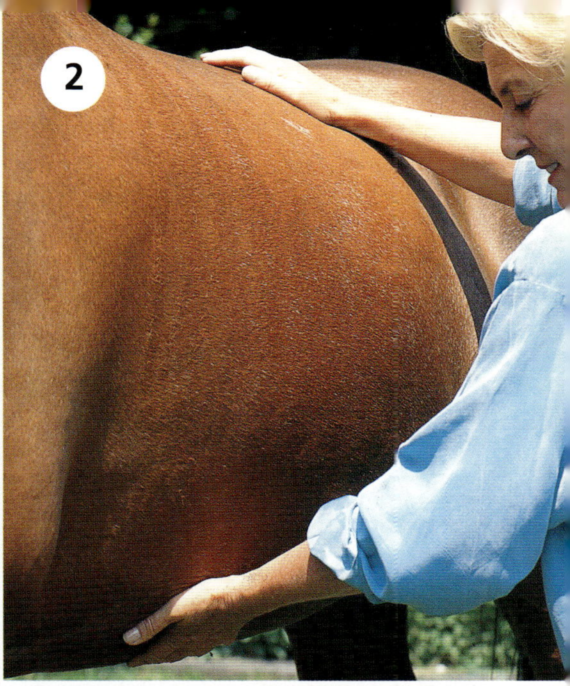
2
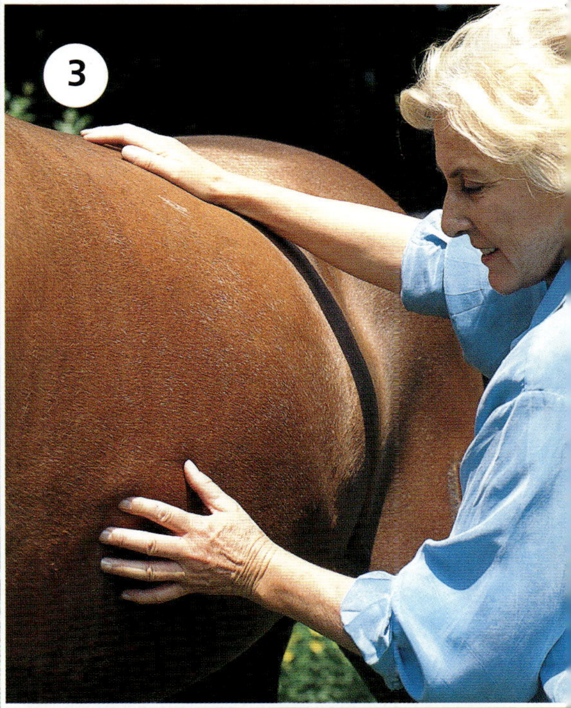
3

4

SCHWEIFARBEIT UND TTOUCHES

Die Schweifarbeit besteht aus Bewegungen mit der Schweifrübe und TTouches darauf. Sie entspannt den Rücken und verbessert das Bewusstsein des Pferdes für seine Hinterhand und damit Gleichgewicht und Gangvermögen.

Wozu?

Schweifarbeit hilft bei Pferden, die Angst vor Geräuschen und Bewegungen von hinten haben, nach anderen Pferden oder gegen die Wand schlagen. Ängstliche Pferde klemmen oft den Schweif ein. Können Sie diese Gewohnheit durchbrechen, können Sie auch das Verhalten ändern. Je lockerer Hinterhand und Schweif werden, desto größer das Selbstvertrauen. Auch gegen Schweifschlagen und als Vorbereitung zum Decken.

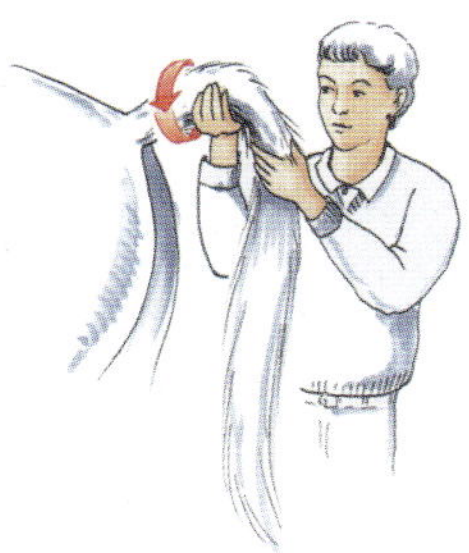

Denken Sie daran, ...

... stellen Sie sich nur dann hinter ein Pferd, wenn Sie sicher sind, dass es nicht schlägt. Im Zweifelsfall können Sie einen Großteil der Arbeit zumindest anfangs von der Seite her machen. Eine Hand liegt oben auf der Hinterbacke, mit der anderen ergreifen Sie ein Büschel Schweifhaare und heben den Schweif an. Mit der Schweifrübe kreisförmige Bewegungen in beide Richtungen machen und vorsichtig nach hinten ziehen. Kurz festhalten und langsam wieder loslassen.

Bevor Sie mit der Schweifarbeit beginnen, machen Sie ein paar kreisförmige TTouches – Liegender Leopard oder Waschbär – am Oberschenkel entlang und an und auf der Schweifrübe. Das entspannt die Hinterhand, und oft wird das Pferd freiwillig den Schweif anheben.

1 **Schweifkreisen:** So heben Sie den Schweif an (siehe Zeichnung links): Eine Hand etwa 20 cm unterhalb des Schweifansatzes unter die Schweifrübe schieben und anheben. Währenddessen mit der anderen Hand im letzten Drittel die Schweifrübe von oben nach innen drücken, so dass ein Bogen entsteht. In dieser Haltung die Rübe mehrmals in beide Richtungen kreisen lassen.

2 **Schweifziehen:** Stellen Sie sich direkt hinter das Pferd. Mit einer Hand halten Sie den Schweif ca. 20 cm vom Ansatz entfernt, die andere etwa eine Handbreit tiefer. Einen Fuß leicht vorstellen, gut ausbalancieren. Langsam Zug auf die Schweifrübe ausüben, indem Sie das Gewicht auf den hinteren Fuß verlagern. Den Schweif 4 oder 5 Sekunden in dieser Stellung halten und dann langsam nachgeben, indem Sie Ihr Gewicht wieder nach vorn verlagern. Diese Übung kann zwei- bis dreimal wiederholt werden. Wichtig ist, sie nicht mit Kraft, sondern sehr vorsichtig auszuführen und auf die Bewegung zu achten, die durch die Wirbelsäule des Pferdes läuft.

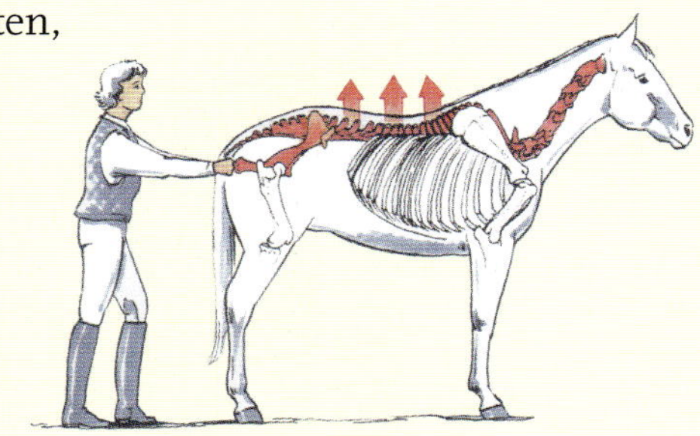

3 **Beckenkippen:** Ergreifen Sie mit jeder Hand ein Büschel Schweifhaare und setzen Sie die Fäuste auf den Sitzbeinhöckern auf (siehe Zeichnung rechts). Üben Sie Druck darauf aus, indem Sie das Gewicht nach vorn auf einen Fuß verlagern, den Druck ein paar Sekunden halten und langsam wieder nachgeben.

4 **Schweifrübe kneten:** Den Schweif in beide Hände nehmen, so dass die Finger unterhalb der Schweifrübe sind und die Daumen oberhalb. Jeden einzelnen Wirbel, am Ansatz beginnend, vorsichtig auf und nieder bewegen – nicht seitwärts. Sie werden merken, dass zur Spitze hin die Wirbel miteinander verwachsen und weniger beweglich sind.

Lindas Tipp

Hat Ihr Pferd einen „lockeren" Schweif – der keinen Widerstand bietet, wenn Sie anfangen zu ziehen, als ob er mit einem Gummiband befestigt wäre –, dürfen Sie nur sehr vorsichtig ziehen. Sie können die Verbindung der Schweifrübe zum Körper stärken, wenn Sie sie, mit beiden Händen am Ansatz, in Richtung Wirbelsäule drücken, statt zu ziehen.

Was machen Sie, ...

... wenn das Pferd ausschlägt oder nicht stillsteht?

Machen Sie keine Schweifarbeit, bevor das Pferd nicht die Angst vor einer Berührung von hinten verloren hat. Falls es während des Schweifziehens oder Beckenkippens nicht still steht, machen Sie die Bewegungen langsamer und mit weniger Druck oder Zug.

1

2

3

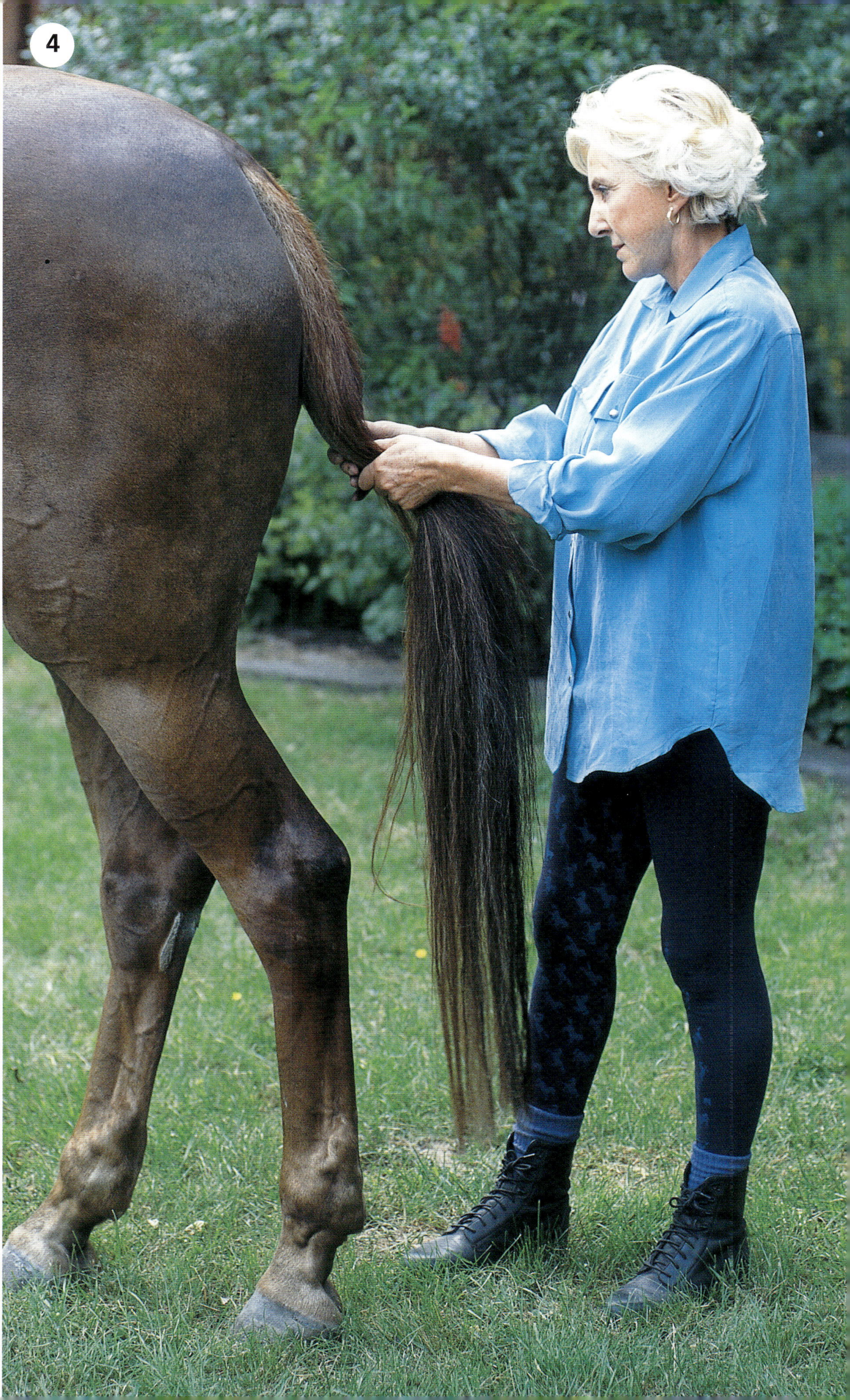
4

BEINKREISEN VORN

Nur zwei Minuten Beinkreisen täglich fördert Gleichgewicht, Trittsicherheit und Bewegungsfreiheit, entspannt die Hinterhand und ist eine gute Vorübung für Hufegeben und den Hufschmied.

Wozu?

Beinkreisen vorn entspannt die Muskeln von Schulter, Hals und Rücken und verbessert das Gleichgewicht. Das Pferd bekommt mehr Gang, stolpert weniger, hebt besser die Füße und braucht beim Beschlagen keine „menschliche Stütze“ mehr. Da Sie mit der Zeit seine normale Beweglichkeit kennen, fallen Ihnen beginnende Steifheiten auf, noch bevor sie sich zu Lahmheiten auswachsen.

Lindas Tipp

Pferde, die sich beim Hängerfahren gegen die Wand oder die Trennwand lehnen oder nicht still stehen, lassen sich nach einiger Beinarbeit viel besser transportieren. Ihr neu gefundenes Gleichgewicht gibt ihnen mehr Sicherheit. Den Huf aber nie plötzlich fallen lassen, wenn Sie ihn ausgekratzt oder Beinkreisen gemacht haben – immer vorsichtig am Boden abstellen.

Denken Sie daran, ...

... machen Sie die Beinkreise aus dem Becken, den Knien und den Füßen heraus. Halten Sie den Rücken locker und gerade und stützen Sie den äußeren Ellenbogen auf dem äußeren Knie ab.

Beinkreisen vorn

1 Stellen Sie sich mit Blick auf die Hinterhand neben das Vorderbein, mit dem Sie Kreise machen wollen. Streichen Sie zur Vorbereitung mit dem Handrücken am Bein entlang nach unten und drücken oder kneifen Sie mit den Fingerspitzen oder -nägeln in die Rückseite zwischen Vorderfußwurzel und Fesselgelenk. Für das Pferd ist dies das Signal, sein Gewicht auf die anderen drei Beine zu verlagern und sich so auszubalancieren, dass es den Fuß hochheben kann. Umfassen Sie mit der inneren Hand das Fesselgelenk, mit der äußeren stützen Sie den Huf ab, den Daumen auf der Hufsohle, die Finger um die Vorderseite des Hufs. Vermeiden Sie möglichst, das Gelenk abzuknicken. Die Hufsohle sollte senkrecht zum Boden stehen.

2 Lassen Sie den Huf in beide Richtungen um den Punkt kreisen, an dem er vorher am Boden gestanden hat. Die Bewegung sollte horizontal sein, wie bei den Rotoren eines Hubschraubers – zum anderen Bein hin, vorwärts, nach außen, nach hinten. Machen Sie die Kreise in beide Richtungen (zwei nach links, zwei nach rechts) in unterschiedlichen Höhen, aber so, dass die letzten fast den Boden berühren. Nun machen Sie einen Kreis unmittelbar über dem Boden und tippen den Huf mehrmals kurz auf. Dann stellen Sie die Hufspitze etwa 15–20 cm hinter der Stelle, wo das Bein normalerweise stehen würde, am Boden ab, so dass die Schultermuskulatur in ungewohnter Weise loslässt. Bei Pferden, die in der Schulter sehr verspannt sind oder sehr flach stehen, kann das anfangs schwierig sein. Bei manchen Pferden muss man bei den ersten Übungen ein Brett oder eine zusammengefaltete Bandage unterlegen, bis sie den Huf am Boden absetzen können. Streichen Sie zur Entspannung von Bein und Schulter über die Sehne, wenn der Huf den Boden berührt. Die meisten Pferde lassen den Huf nur einen Augenblick stehen, aber diese Position verbessert das Gleichgewicht.

Was machen Sie, ...

... wenn das Pferd immer das Bein wegzieht?

Nicht auf einen Kampf einlassen. Denken Sie daran: Zum Streiten gehören immer zwei! Statt das Bein krampfhaft festzuhalten, schütteln Sie es einmal leicht oder lassen zu, dass das Pferd es noch einmal absetzt, um sich neu auszubalancieren. Beim nächsten Versuch machen Sie nur ein, zwei schnelle Kreise und wiederholen das, bis sich das Pferd auf drei Beinen sicherer fühlt. Ein paar Python-TTouches vom Ellbogen bis zum Huf machen ihm diese Körperregion besser bewusst und nehmen ihm die Angst vor Berührung.

... wenn es sich auf Sie lehnt, sobald Sie den Huf aufheben?

Lassen Sie das Bein in der Vorderfußwurzel abknicken, stützen Sie es an Fessel und Röhrbein und heben Sie den Fuß parallel zum Boden an – hoch genug, dass es sich nicht auf Sie lehnen kann, aber auch nicht höher als das Vorderfußwurzelgelenk, weil es sonst das Gleichgewicht verlieren kann. Schütteln Sie den Fuß leicht, damit es sich für sein Gleichgewicht selbst verantwortlich fühlt, und stützen Sie sich auch selbst nicht am Pferd ab.

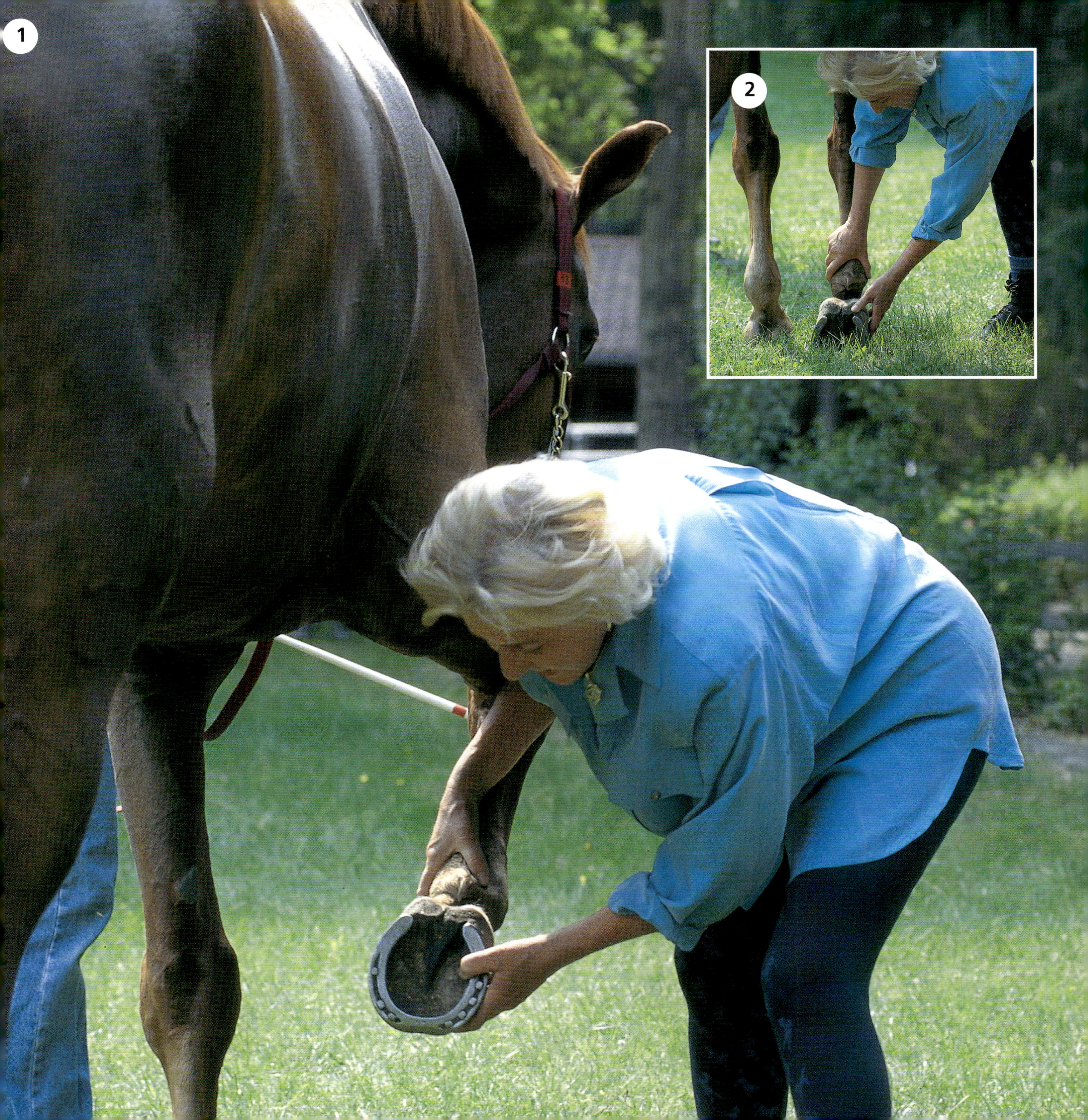
1
2

BEINKREISEN HINTEN

Das Beinkreisen hinten ist für das Pferd nicht bedrohlich. Es hilft, die Tritte des Pferdes zu verlängern, es bewegt sich freier, geschmeidiger und aktiver.

Wozu?

Das Beinkreisen hinten kann in vielen Fällen den Gang verbessern, besonders bei Pferden, die hinten gern kurz und ungleich treten. Außerdem fällt es ihnen dann leichter, beim Beschlagen ruhig zu stehen. Pferde, die beim Schmied Probleme machen, sind oft nicht im Gleichgewicht und bekommen Angst, wenn etwas an ihren Hinterbeinen geschieht. Sie verspannen dann die Muskulatur der Hinterhand bis hinauf in den Rücken.

Denken Sie daran, ...

... wenn ein Pferd Angst hat – wenn es schlägt, droht oder wegzieht: Streichen Sie es ruhig mit der Gerte als verlängertem Arm ab. An der Brust anfangen, dann die Vorderbeine abstreichen, den Rumpf und die Hinterbeine von oben nach unten. Dadurch verliert es seine Angst vor Berührung, es wird an seine Verbindung zum Boden „erinnert" und steht mehr im Gleichgewicht.

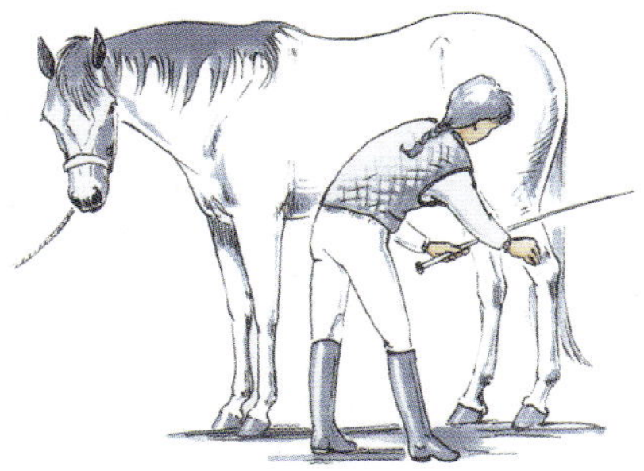

Beinkreisen hinten

1 Mit der äußeren Hand (der rechten hier im Bild) umfassen Sie die Außenseite des Hufs und stützen dabei den Ellbogen auf dem äußeren (rechten) Knie ab. Mit der anderen Hand ergreifen Sie von innen das Hinterbein kurz über dem Fesselgelenk. Sie beginnen mit Kreisbewegungen auf der Höhe und in der Stellung, die das Pferd anbietet. Setzen Sie dabei – wie beim Beinkreisen vorn – den ganzen Körper ein. Machen Sie die Kreise verschieden groß – ein gesundes, bewegliches Pferd sollte Kreise bis zu 40 cm Durchmesser bequem verkraften können. Bewegen Sie das Bein in beide Richtungen und in verschiedenen Höhen bis zum Boden hinunter. Setzen Sie die Hufspitze 15–20 cm hinter der Stelle ab, wo der Huf vorher gestanden hat. Das Pferd entspannt in dieser Position alle Muskeln der Hinterhand.

2 In diesem Foto hält Linda den Huf immer noch mit der rechten Hand, aber von vorn, kurz über dem Fesselgelenk. In dieser Haltung fallen Ihnen die Kreise vielleicht leichter, Voraussetzung ist allerdings ein gut ausbalanciertes Pferd.

3 Beinkreisen unter dem Bauch: Die innere Hand legen Sie um die Hinterseite des Fesselgelenks, und mit der äußeren Hand ziehen Sie den Huf unter dem Bauch nach vorn. Das Bein so weit nach vorn ziehen, wie es für das Pferd noch bequem ist. Stellen Sie sich eine Linie vom Vorder- zum Hinterbein dieser Seite vor und „zeichnen" Sie dann unter dem Bauch ein Oval – nach hinten, nach außen und wieder nach vorn. Kreisen Sie das Bein jeweils mehrmals in beide Richtungen.

Lindas Tipp

Wenn ein Pferd das Gleichgewicht verliert, sobald Sie mit dem Hinterbein Kreise von mehr als 15 cm Durchmesser zu machen versuchen, ist Vorsicht geboten. Es kann ein Anzeichen für einen verspannten oder schmerzenden Rücken sein. Wenden Sie keine Kraft an, versuchen Sie nicht, das Bein über die bequeme Haltung hinaus zu ziehen, sondern begnügen Sie sich mit den kleinen Kreisen. Nach einigen Tagen vorsichtig erneut versuchen!

Was machen Sie, ...

... wenn das Pferd Schwierigkeiten bei Seitengängen (wie Travers und Traversale) und fliegenden Galoppwechseln hat?

Durch das Beinkreisen unter dem Bauch lernt das Pferd – ohne Reitergewicht –, seine Hinterbeine frei vorwärts und seitwärts zu bewegen. Es wird beweglicher und kann auch Seitengänge leichter ausführen. Die ungewohnte Kreisbewegung macht ihm bewusst, wie die einzelnen Gliedmaßen funktionieren, und hilft ihm, verschiedene Bewegungen wie den fliegenden Galoppwechsel einzuordnen.

... wenn das Pferd das Bein nicht lange aufhält?

Machen Sie ein oder zwei kleine, schnelle Kreise und lassen Sie das Bein wieder herunter. Falls das Pferd kein Dressurpferd ist (das gleichmäßig auf allen vier Beinen stehen muss), setzen Sie die Hufspitze etwas hinter dem Körper auf. Packen Sie das Sprunggelenk und schütteln Sie das Bein leicht, damit sich die Hinterhand entspannt und Sie das Bein leichter wieder aufheben können. Begnügen Sie sich bei Pferden, die unter Arthrose oder Spat leiden, mit kleinen Kreisen und heben Sie das Bein nicht zu hoch an.

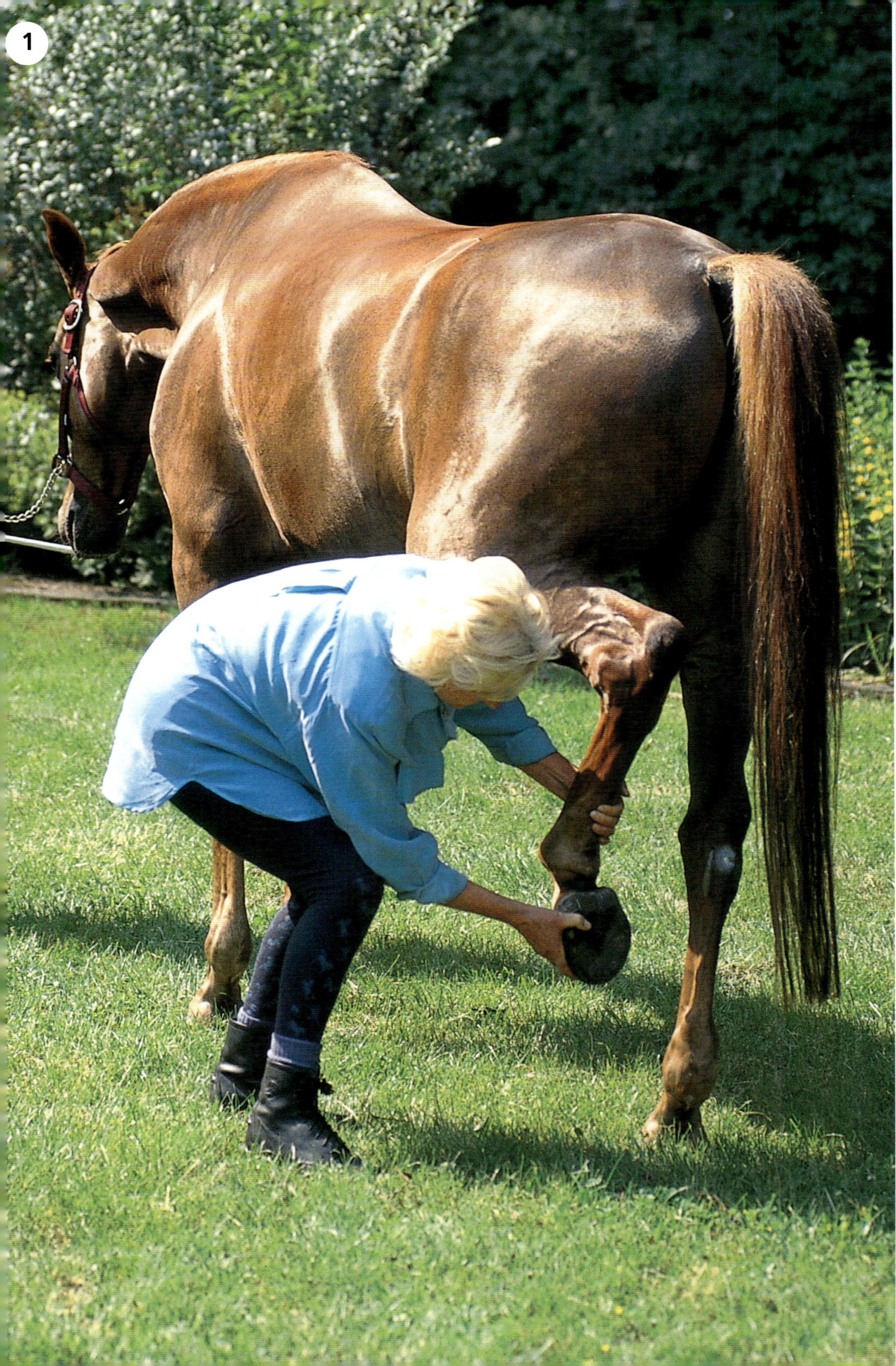
1
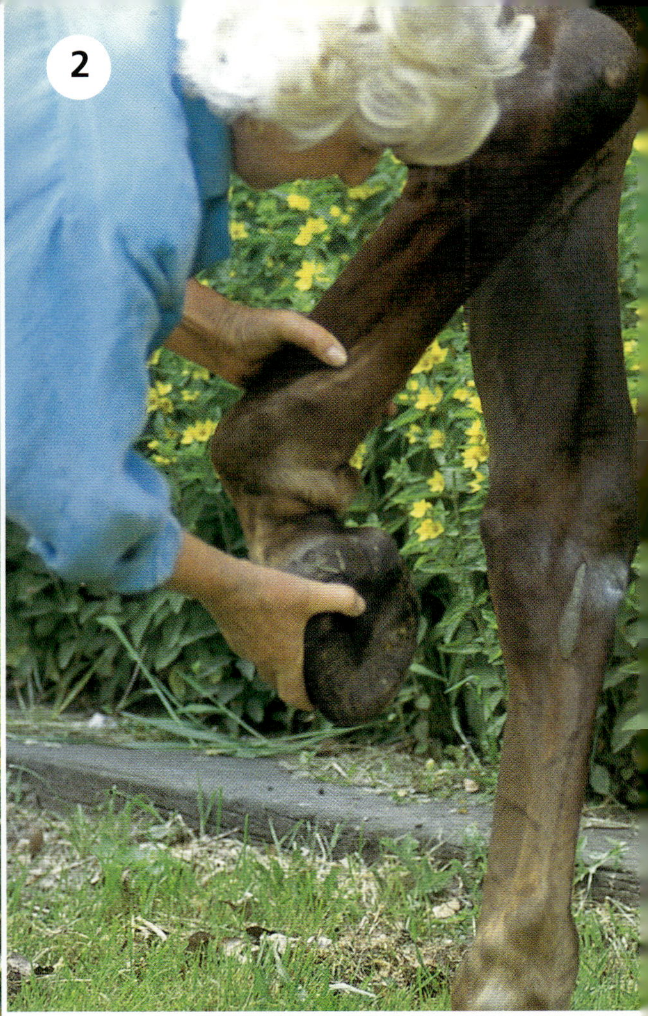
2

3

TTEAM-BODENARBEIT

Die TTEAM-Bodenarbeit besteht aus zwei Teilen: Führübungen und Hindernisse.

Die Führpositionen …

… sind ungewohnt und regen das Pferd an, anders und besser denken zu lernen;

… helfen dem Pferd, sich ohne die Komplikation des Reitergewichts auszubalancieren;

… bringen das Pferd dank unterschiedlicher Kopfhaltung, leichter werdender Vorhand und der Aktivierung der Hinterhand in eine bessere Selbsthaltung;

… lehren das Pferd, erst auf ein Signal hin vorwärts zu gehen.

Bodenarbeit – wozu?

Die meisten Menschen verbringen einen Großteil der Zeit damit, ihre Pferde vom Stall auf die Weide, auf den Reitplatz oder in die Halle zu führen. Sie nehmen das Führen für selbstverständlich und sind sich der fabelhaften Gelegenheit gar nicht bewusst, ihrem Pferd dabei Gehorsam, Geduld, Gleichgewicht, Koordination, Konzentration und Selbstdisziplin beizubringen – lauter Eigenschaften, die für das Reiten genauso wichtig sind. Die TTEAM-Führübungen erhöhen die Bereitschaft des Pferdes zur Kooperation und verbessern seine körperliche Koordination ebenso wie das gegenseitige Vertrauen. Es gibt in der TTEAM-Bodenarbeit viele verschiedene Führpositionen, denen wir – wie den TTouches – Tiernamen wie beispielsweise Eleganter Elefant oder Tanzende Kobra gegeben haben, weil wir die Erfahrung gemacht haben, dass sie nicht nur leichter zu merken sind, sondern die Übungen um ein humorvolles Element bereichern, und Humor regt die Hirntätigkeit an und verbessert unsere Lernfähigkeit.

Ein weiterer grundlegender Bestandteil der TTEAM-Bodenarbeit sind die Hindernisse wie das Labyrinth, der Stern und die Arbeit mit Stangen und Plastikplanen. Durch die Hindernis-Übungen lernt das Pferd, seinen Körper so zu benutzen, dass Gleichgewicht, Selbstdisziplin, Präzision, Feinmotorik und die Auge-Huf-Koordination verbessert werden. Da die Art und Weise, wie es sich in den Hindernissen bewegen muss, ungewohnt ist, kann es diese Bewegung besser differenzieren und bekommt ein besseres Gefühl dafür, wie die Körperteile sich zu einem Ganzen verbinden. Da es sich auf ungewohnte Weise bewegen muss – im Labyrinth zum Beispiel einen Schritt machen und anhalten, zwei Schritte machen und anhalten, die Beine in Zeitlupe setzen, sich um die Ecken biegen –, verbessern sich Koordination und Gleichgewicht, und es wird kooperationswilliger. Der Stern verlangt eine weitere ungewohnte Bewegung: Das Pferd muss die Beine auf einer Seite höher heben als auf der anderen.

Jedes Mal wenn wir mit einem Pferd umgehen, bringen wir ihm zugleich etwas bei – positiv oder negativ. Da die meisten von uns nicht unbegrenzt Zeit haben, mit ihren Pferden zu arbeiten, erscheint es nur vernünftig, daraus jeweils ein positives Erlebnis zu machen, das das Verständnis und die Partnerschaft zwischen Mensch und Pferd vertieft.

Die Hindernisse …

… verbessern das Selbstvertrauen des Pferdes, weil es eine neue Aufgabe mit Erfolg meistert;

… machen dem Pferd die Bewegungen seines Körpers bewusst, weil es dazu angeregt wird, über das, was es tut, nachzudenken;

… verdeutlichen dem Menschen, wie wichtig es ist, klare Signale zu geben, und wie leicht diese trotzdem sein können;

… erfordern ständige Kommunikation zwischen Mensch und Pferd;

… können auch leichter gemacht werden, wenn ein Pferd Schwierigkeiten damit hat.

Führtipps

◆ Vergessen Sie nicht, die Kette wieder locker zu lassen, sobald Sie das Signal gegeben haben. Vielleicht müssen Sie es mehrfach wiederholen, bis das Pferd wirklich anhält. Ziehen oder zupfen Sie aber ständig an der Kette, zieht das Pferd zurück oder geht im Kreis um Sie herum.

◆ Lassen Sie ihm etwas Zeit, das Signal zu verarbeiten und Ihre Wünsche umzusetzen.

◆ Ziehen Sie mit der Gerte einen halben Meter vor dem Pferd eine „Stopp"-Linie in die Luft, gefolgt von ein- oder zweimaligem Antippen an der Brust. Das wirkt besser, als damit vor seiner Nase herumzuwedeln.

◆ Sie haben mehr Kontrolle, wenn Sie vor oder neben der Pferdenase stehen statt auf Schulterhöhe. So kann das Pferd Sie besser sehen und Ihre Signale erkennen und umsetzen.

◆ Seien Sie weich mit der Hand.

◆ Überholt Sie das Pferd und will nicht stoppen, gehen Sie in die Position „Eleganter Elefant" (S. 40) und halten es an. Nicht einfach an der Kette ziehen, so dass das Pferd um Sie herumgeht – das bringt es nur aus dem Gleichgewicht und macht es schneller. Es soll anhalten und stehen wie unter dem Sattel.

◆ Üben Sie das Führen von rechts. Es ist für beide ungewohnt (und Sie kommen sich beim ersten Mal vielleicht unglaublich ungeschickt vor), aber es bringt das Pferd ins Gleichgewicht und verbessert die Rechtsbiegung.

◆ Sagen Sie zum Anhalten ein lang gezogenes, tiefes „Hooo", bis das Pferd wirklich steht. Die besondere Tonlage (die Sie entwickeln) hat Auswirkungen auf die Gehirnwellen des Pferdes.

◆ Halten Sie in allen Positionen mit Ausnahme des Flug des Adlers die Führleine in der linken Hand, wenn Sie links vom Pferd stehen, und umgekehrt. Ein Seitenwechsel fällt Ihnen leichter, wenn Sie daran denken.

◆ Wiederholung ist nicht die beste Lernmethode. Zeigt das Pferd, dass es etwas verstanden hat, beenden Sie die Übung. Es bringt nichts, sie zu wiederholen, bis es einen Fehler macht.

Tipps zur Sicherheit

◆ Tragen Sie immer feste Schuhe und, wenn Sie mit einem jungen oder schwierigen Pferd arbeiten, außerdem noch Handschuhe.

◆ Arbeiten Sie in einem abgegrenzten Raum, nicht auf einer üppigen Weide voller Versuchungen.

◆ Es gibt keine Extrapunkte dafür, ein gefährliches Treffen überlebt zu haben. TTEAM-Methoden wie die Brieftaube oder Den Tiger zähmen erlauben den sicheren Umgang mit Pferden.

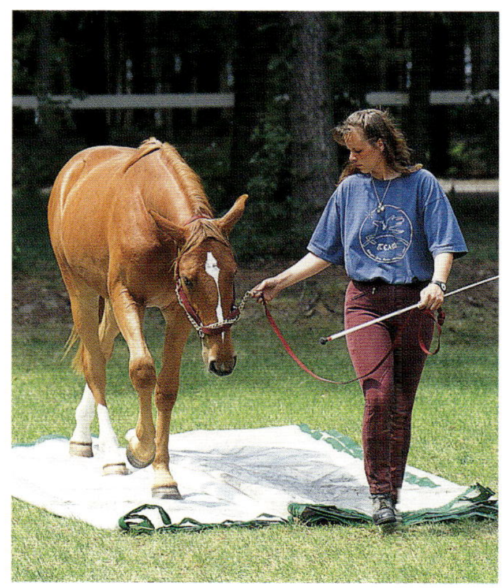

KÖRPERBAND UND KÖRPERSEIL

Körperband und Körperseil sind TTEAM-Trainingswerkzeuge, die Angst abbauen helfen und die Leistung des Pferdes steigern, weil sie ihm ein besseres Gefühl für seinen Körper vermitteln.

Wozu?

Ein auseinander gefallenes Pferd kommt schnell wieder ins Gleichgewicht; seine Oberlinie erscheint „runder". Bei der Bodenarbeit wirken Band und Seil beruhigend auf „guckige" Pferde und helfen bei Steifheit, gegen Stürmen und Faulheit. (Dieser augenscheinliche Widerspruch erklärt sich daraus, dass Band und Seil das Pferd ins Gleichgewicht bringen, wie das Ungleichgewicht sich auch geäußert haben mag.) Pferde, die „erstarren" (oft für widersetzlich gehalten), fühlen sich ermutigt. Das Selbstvertrauen wird gestärkt, so dass sie sich ruhig beschlagen oder verarzten lassen. Außerdem helfen sie bei der Bewältigung neuer Aufgaben wie einen engen Gang zu passieren oder auf einen Hänger zu gehen.

Lindas Tipp

Mit dem Körperseil können Sie ein Fohlen auf das Führen und Stillstehen vorbereiten. Es bleibt im Gleichgewicht und unter Kontrolle, ohne dass Sie am Kopf herumziehen müssen. Sie können das Seil wie einen Koffergriff über dem Widerrist packen und Signale geben, indem Sie es vor- oder zurückbewegen. Üben Sie immer gemeinsam mit der Mutterstute und in kurzen Einheiten.

1 **Körperband:** Das Körperband besteht aus zwei miteinander verbundenen elastischen Bandagen. Eine Bandage um den Hals schlingen und verknoten. Die zweite an diesem Knoten befestigen, vorsichtig um die Hinterhand des Pferdes herumführen (immer auf die Reaktion des Pferdes achten!) und ca. 40 cm vom ersten Knoten entfernt befestigen. Wie in der Abbildung zu sehen, wird die erste Bandage stramm gezogen, während die zweite befestigt wird, so dass sie hinter dem Widerrist und unterhalb des Sitzbeinhöckers zu liegen kommen. Die erste Bandage soll kurz hinter dem Widerrist eine „Brücke" über den Pferderücken bilden. Die zweite muss so straff sitzen, dass sie nicht an den Hinterbeinen herunterrutscht, wenn das Pferd sich bewegt.

2 **Körperseil:** Das Körperseil ist ein ca. 7 m langes, starkes und weiches Nylonseil, das in zwei Schlingen – in Achterform – um Vor- und Hinterhand geführt wird. Wenn das Pferd sich bewegt, liegt das Seil einmal an, dann wieder nicht. Drehen Sie das Seil wie in der Abbildung hinter dem Widerrist einige Male umeinander und befestigen Sie es mit einem Knoten, der sich leicht wieder lösen lässt. Die Schleife oder der Knoten muss gut erreichbar sein, und das lose Ende darf das Pferd nicht irritieren. An der Hinterhand liegt das Seil ca. 20 cm oberhalb des Sprunggelenks.

Reiten mit Körperband und Körperseil

Beim Reiten befestigen Sie das Körperband oder -seil auf beiden Seiten des Sattels an den Gurtstrippen. Führen Sie das Pferd im Schritt und Trab zuerst an der Hand, bevor Sie aufsitzen, damit es sich an das Gefühl gewöhnt. Das Reiten mit diesen Hilfsmitteln tut besonders solchen Pferden gut, die guckig sind, Angst vor Dingen hinter sich haben oder den Rücken wegdrücken. Reiten mit dem Körperseil ist sehr hilfreich bei Pferden, die mit dem Schweif schlagen, nicht untertreten, die Füße nicht heben, ausschlagen oder allgemein steif sind.

Denken Sie daran, ...

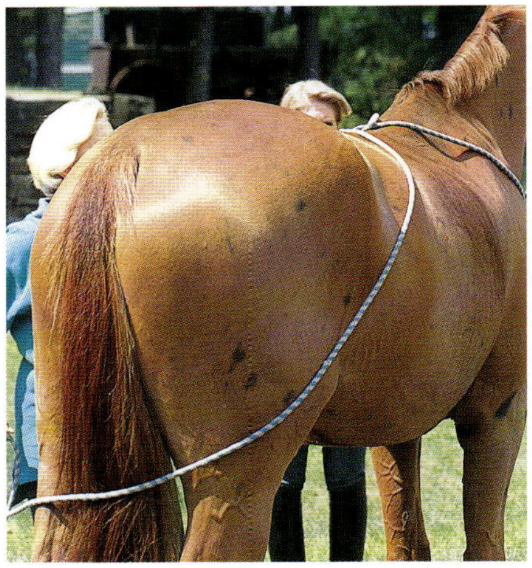

... gewöhnen Sie das Pferd langsam an die Berührung, indem Sie das Seil vorsichtig um die Hinterhand und locker über den Schweifansatz führen, ohne es zunächst zu verknoten. Halten Sie es am Platz und gehen Sie nebenher, während ein Helfer das Pferd ein paar Schritte anführt. Macht ihm das nichts mehr aus, können Sie das Seil etwas straffer nehmen. Wenn das Pferd keine Anzeichen von Angst oder Beunruhigung mehr zeigt, führen Sie das Seil unter dem Schweif durch und befestigen es mit einem Sicherheitsknoten.

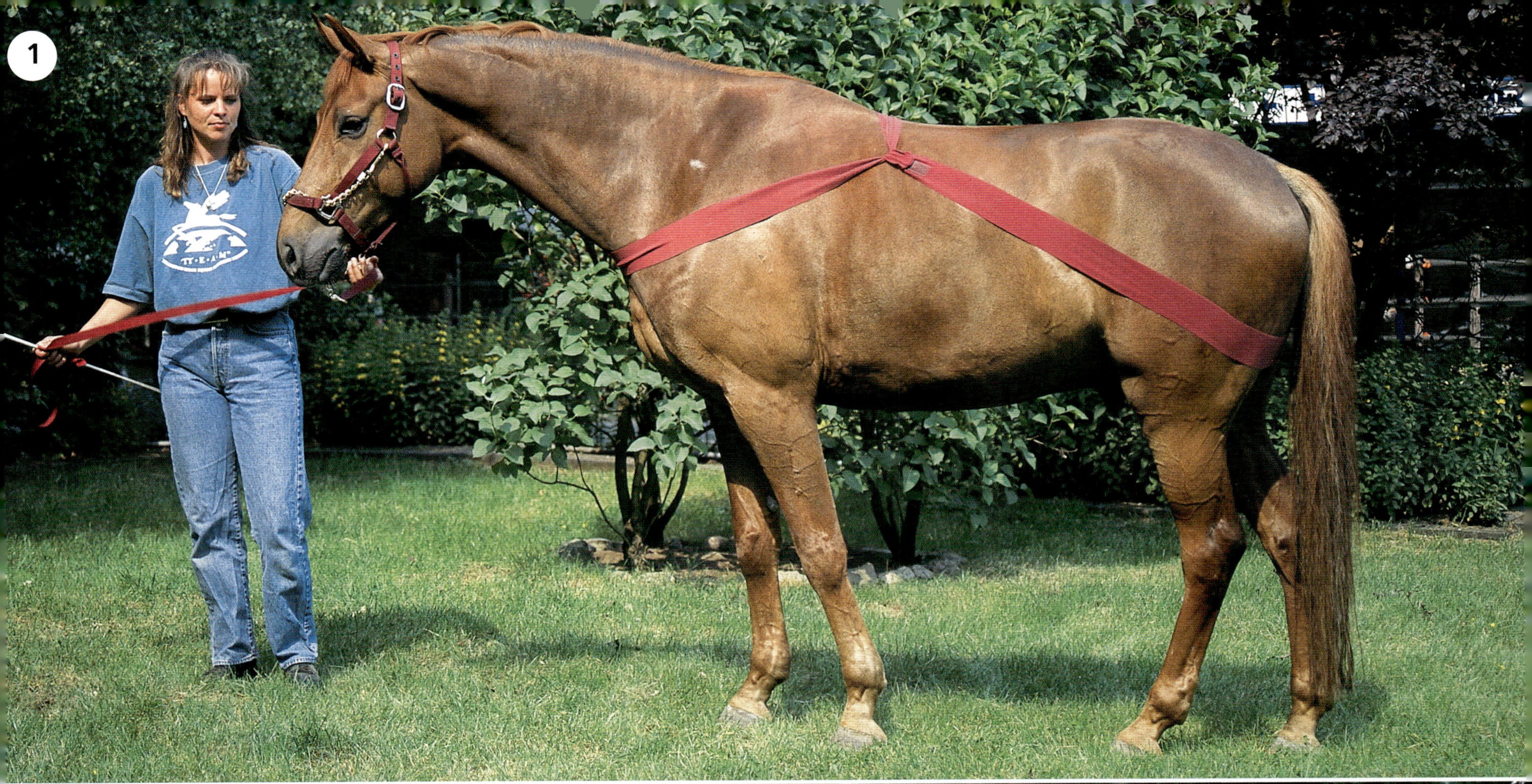
1

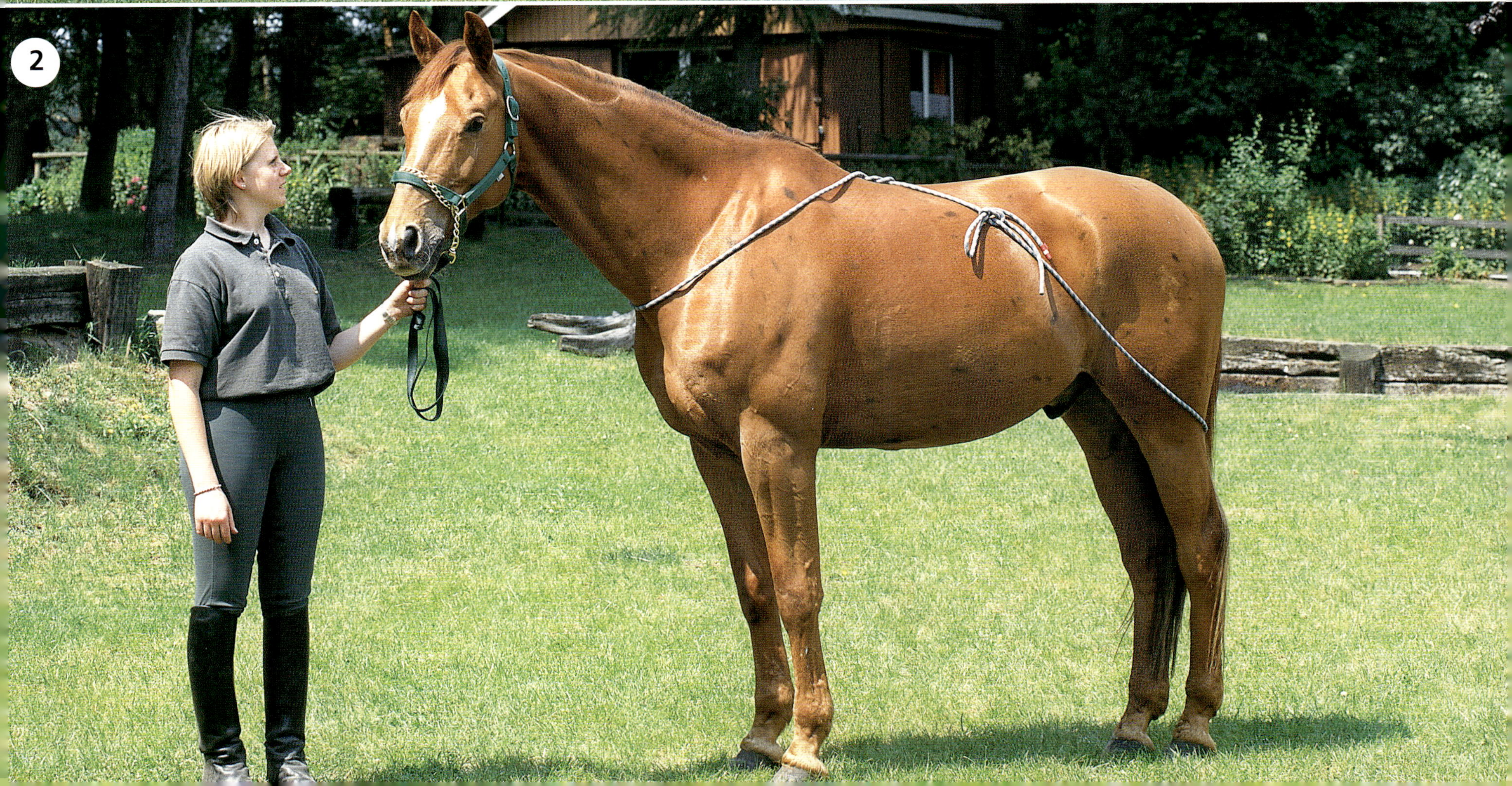
2

DER ELEGANTE ELEFANT

Der Elegante Elefant ist die Basis-Führposition und die sicherste, die wir in TTEAM verwenden. Sie ist nützlich bei allen Pferden, die beim Führen Schwierigkeiten machen, und ist außerdem am einfachsten zu lernen.

Wozu?

Der Elegante Elefant ist eine ausgezeichnete Führposition für Pferde, die gern ziehen, sich auf die Hand legen, nicht anhalten wollen oder im Kreis um den Menschen herumlaufen. Sie sind leichter zu kontrollieren, weil der Mensch vor ihnen geht und sie gerade halten kann. Wenn der Gertenknauf so gehalten wird, dass das Pferd ihn sehen kann, kann es leichter ablesen, was der Mensch von ihm will. Vergessen Sie nicht: Auf klare statt grobe Befehle reagiert das Pferd mit mehr Geduld, mit Entspanntheit und Kooperationswilligkeit.

Denken Sie daran, ...

... die Extraschlaufe der Führleine zwischen Zeige- und Mittelfinger zu halten. So können Sie sie leicht und schnell verkürzen oder verlängern, falls das Pferd wegspringen sollte, und sie kann sich nicht um Ihre Hand oder die Finger wickeln.

Der Elegante Elefant

1 Grundposition: Wenn Sie Ihr Pferd von links führen, stehen Sie seitlich etwas vor seinem Kopf und halten die Führleine in beiden Händen, die rechte Hand an der Kette. Machen Sie einen Knoten in das Ende der Leine und legen Sie sich so in die Hand, dass der Knoten nahe am kleinen Finger herausschaut. Die übrige Leine nehmen Sie in einer Schlaufe auf und legen sie zwischen Zeige- und Mittelfinger (siehe Foto). Die Gerte halten Sie etwa in der Mitte ebenfalls mit der linken Hand; der Knauf zeigt vor den Pferdekopf.

2 Zum Losgehen führen Sie die Gerte als Verlängerung Ihres Arms einladend nach vorn in die Richtung, in die das Pferd gehen soll. Mit der rechten Hand geben Sie das Vorwärtssignal an der Kette – als ob Sie einen Schlüssel im Schloss nach vorn drehen würden, mit anschließendem Nachgeben – und sagen zum Beispiel „Scheeeritt!"

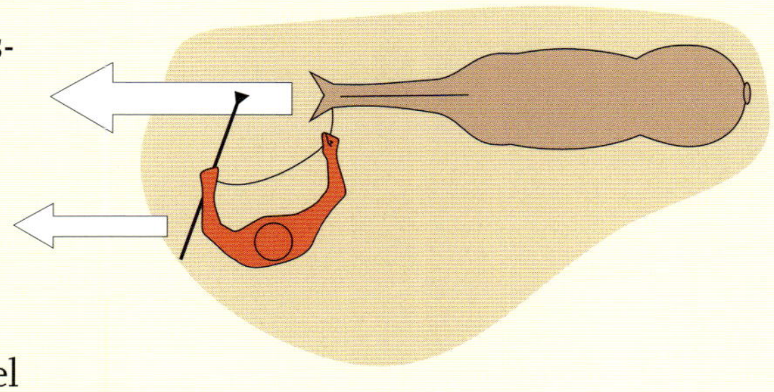

3 Zum Anhalten bleiben Sie auf Kopfhöhe des Pferdes, nicht an der Schulter. Geben Sie ein Stimmsignal (zum Beispiel ein tiefes, lang gezogenes „Hooo") und halten Sie den Ton, bis das Pferd anhält. (Das zwingt Sie gleichzeitig, tief durchzuatmen.) Bewegen Sie die Gerte etwa einen halben Meter vor dem Pferdekopf etwa 10 cm im Bereich zwischen Nase und Augen einmal langsam auf und ab. Mit der Kette geben Sie ihm das Signal zum Anhalten – ein leichtes Zupfen und Nachgeben – und tippen es mit dem Gertenknauf an der Schulter der gegenüberliegenden Seite ein- oder zweimal an.

Was machen Sie, ...

... wenn sich das Pferd zu Ihnen dreht, sobald Sie anhalten wollen?

Achten Sie darauf, immer seitlich etwas vor dem Pferd zu bleiben, bis es ganz angehalten hat. Halten Sie die Kette dicht am Halfter und sorgen Sie dafür, dass der Kopf gerade bleibt. Vergessen Sie nicht, das Pferd an der gegenüberliegenden Schulter anzutippen.

Lindas Tipp

Den Umgang mit Führleine und Gerte üben Sie am besten zuerst ohne Pferd. Schlingen Sie die Führkette zum Beispiel um einen Balken, stellen Sie sich parallel dazu auf und üben Sie das leichte Zupfen und Nachgeben als Signal zum Antreten und Anhalten wie bei Ihrem Pferd. Denken Sie daran, dass das Pferd wahrscheinlich eher im Augenblick des Nachgebens aktiv wird als beim ersten Zupfen.

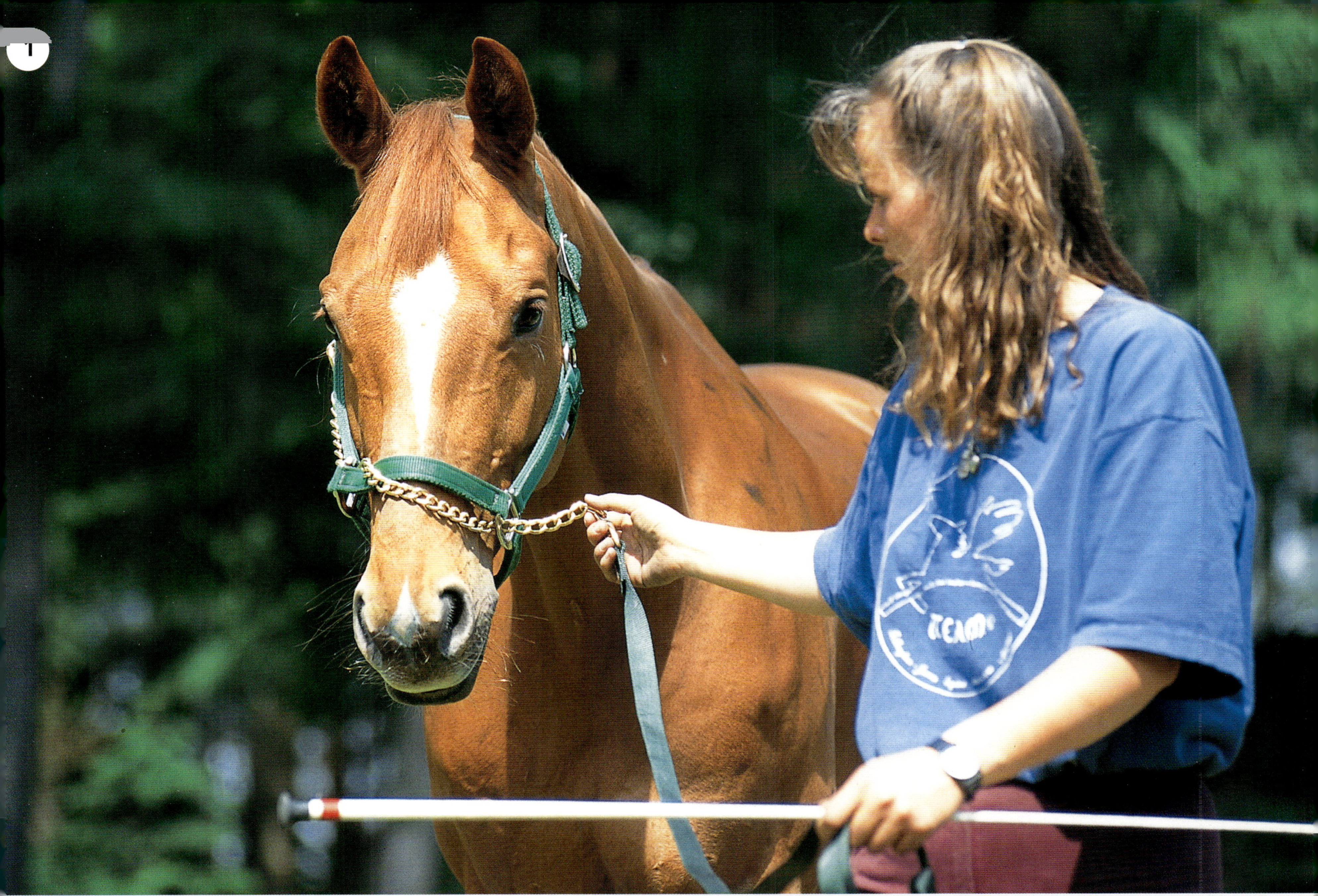
1

2

3

4

DER DINGO UND DEM KAMEL EINEN TIPP GEBEN

Mithilfe dieser beiden Führpositionen wird Ihr Pferd geduldig und gehorsam. Außerdem können Sie damit Einfluss darauf nehmen, wie es steht und sich bewegt.

Wozu?

Das Pferd lernt, auf klare Signale – am Kopf und am Körper – zu reagieren, eine gute Überleitung zur Arbeit unter dem Sattel. Auch auf dem Pferd lässt sich die Gerte zur Verdeutlichung von „vorwärts“ und „hooo“ einsetzen. Langsame Pferde lernen, schneller zu reagieren, und ungeduldige Pferde lernen abzuwarten. Die Übung verbessert auch merklich die Silhouette des Pferdes: Es lernt, sich zu tragen und die Hinterhand unterzusetzen. Mit dem Dingo lernen junge Pferde, sich führen zu lassen, furchtsame Pferde das freie Vorwärtsgehen und alle Pferde, in einen Hänger einzusteigen.

Lindas Tipp

Ihr Pferd soll lernen, auf minimale Signale zu reagieren. Wenn Sie es ständig antippen müssen, damit es vorwärtsgeht, überlegen Sie sich, ob Sie das schleppende Verhalten nicht selbst verursachen, weil Sie das Pferd mit der Hand an der Führleine zurückhalten. Die meisten Menschen brauchen Übung, um ihre Hände unabhängig voneinander einsetzen zu können. Diese Bodenübung ist also auch eine gute Übung für das Reiten.

Der Dingo und Dem Kamel einen Tipp geben

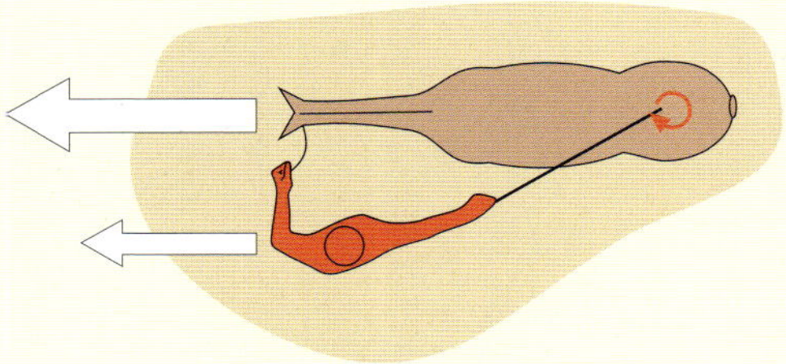

1–2 Der Dingo: Die Führleine wird in einer Hand gehalten und muss ordentlich in Schlaufen gelegt sein. Die Übung besteht aus vier Stufen: Halt, Abstreichen, Signal und Antippen. Zuerst halten Sie das Pferd mit leichtem Kontakt an der Führleine an und streichen es zwei-, dreimal sanft mit der Gerte vom Widerrist bis zur Kruppe ab. Dann geben Sie das Vorwärtssignal an der Führkette – zupfen und nachlassen – und tupfen mit der Gerte dreimal oben auf die Kruppe. Gleichzeitig geben Sie das Stimmsignal „und Scheeeritt!“

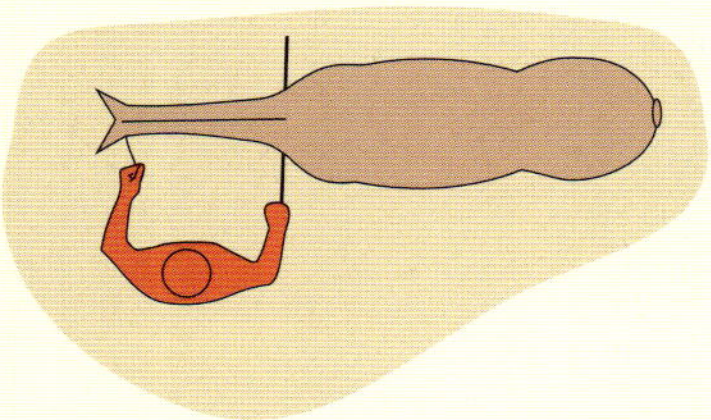

3 Dem Kamel einen Tipp geben: meist zusammen mit dem Dingo zum Anhalten gebraucht. Mit der Spitze nach unten wird die Gerte vor die Brust des Pferdes geführt. Die Signale zum Anhalten: ein lang gezogenes „Hooo!“, leichtes Zupfen und Nachlassen an der Führkette und gleichzeitiges Antippen an der Brust. Dadurch verlagert das Pferd das Gewicht mehr nach hinten und hält ausbalanciert an.

Das Brett

Führen Sie Ihr Pferd in der Dingo-Führposition über Hindernisse wie das Brett (siehe Fotos) oder die Brücke (S. 58). Mit solchen Übungen bauen Sie das Vertrauen Ihres Pferdes auf, Ihnen überallhin zu folgen, auch wenn es gefährlich aussieht. Eine sehr gute Vorbereitung auf das Verladen!

Was machen Sie, ...

... wenn das Pferd beim Anhalten auf die Vorhand fällt?
Halten Sie die Kette höher und leicht nach hinten, damit es sich besser ausbalanciert.

... wenn das Pferd nervös ist?
Bringen Sie es mit der Führleine dazu, den Kopf zu senken (S. 10). Tippen Sie es sacht an der Kruppe an und lassen Sie es mit gesenktem Kopf vorwärts gehen. Nach zwei Schritten wieder anhalten und dies mehrfach wiederholen. Geben Sie leichte, aber klare Signale – mit der Gerte an der Brust und der Führleine. Denken Sie daran, außerdem klare Stimmsignale zum Antreten und Anhalten zu verwenden, um das Pferd nicht zu verwirren und zusätzlich zu verunsichern. Ein weiterer Tipp: Dies ist eine ausgezeichnete Übung für Pferde, die sich nicht anbinden lassen. Sie wird oft in Verbindung mit Den Tiger zähmen angewandt.

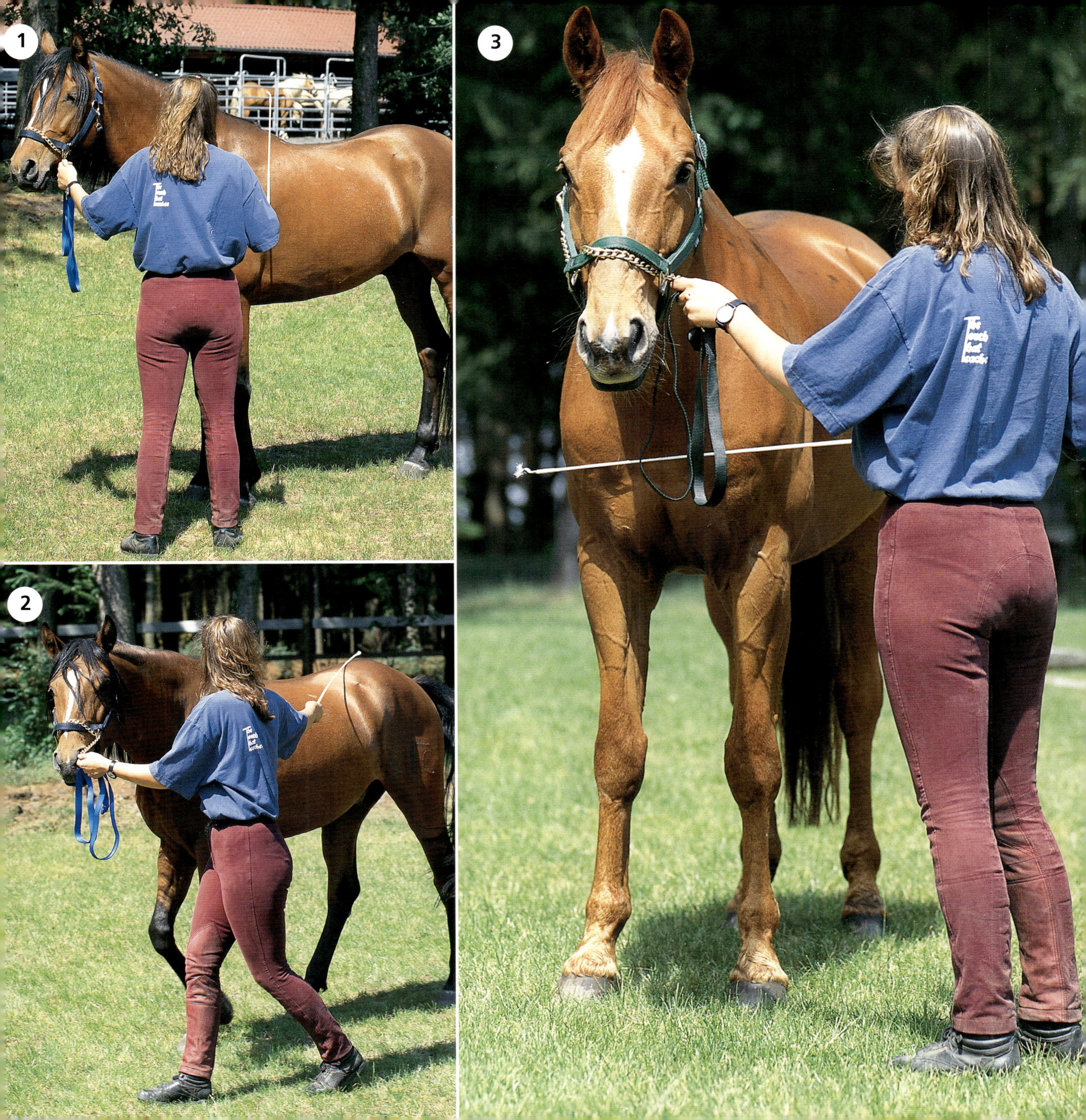
1
2
3

DER ANMUTIGE GEPARD UND DER KLEINE GEPARD

Der Anmutige Gepard ist eine Führposition, bei der das Pferd weiter entfernt von Ihnen ist und nur auf Signale von Gerte und Stimme reagiert. Das fördert Selbstkontrolle und Selbsthaltung.

Wozu?

Das Pferd lernt Selbstkontrolle: Es lernt zu denken, statt seinen Instinkten zu folgen. Außerdem gewöhnt es sich daran, weiter von Ihnen weg zu sein und sich selbst auszubalancieren, ohne Ihre Hilfe. Unsichere Pferde, die sich nur dicht beim Menschen sicher fühlen, bekommen dadurch mehr Selbstvertrauen.

Lindas Tipp

Wenn ein ängstliches Pferd Sie vorwärts zieht, können Sie es mit dem „Anmutigen Gepard“ langsamer machen, ohne am Kopf herumzerren zu müssen. Das ist deshalb wichtig, weil jeder Druck am Kopf es nur noch nervöser machen würde. Tippen Sie es mit der Gerte leicht an der Brust an, um es zurückzuhalten. Nützt das nichts, wechseln Sie zum „Kleinen Gepard“ und verwenden alle drei Signale – Stimme, Gerte und Führleine.

Der Anmutige Gepard und Der Kleine Gepard

1 **Der Anmutige Gepard:** Bleiben Sie seitlich etwas vor dem Pferd. Wenn Sie es von links führen, halten Sie den Gertenknauf zusammen mit dem Ende der Führleine in der linken Hand. Mit der Rechten fassen Sie die Führleine ungefähr in der Mitte – etwa einen Meter vom Pferdekopf entfernt. Halten Sie die Leine leicht in der Hand und legen Sie den Daumen darauf (siehe Foto). Verdeutlichen Sie Ihre Wünsche mit Gerte und Stimme.

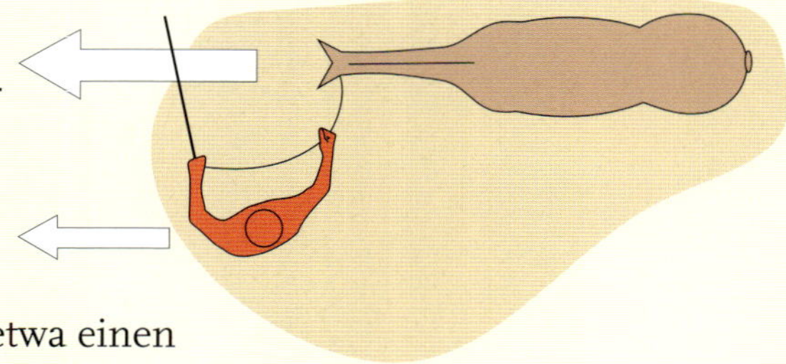

2 **Der Kleine Gepard:** Körper- und Handhaltung sind wie beim Anmutigen Geparden, aber Sie stehen dichter am Pferd, und die rechte Hand ist näher am Pferd. Diese Position ist besser für Pferde, die schwer zurückzuhalten sind, weil Sie Signale mit der Führleine geben können, was sich nicht empfiehlt, wenn Sie weiter vom Pferd weg sind. Verstärken können Sie die mit Leine und Stimme gegebenen Signale, indem Sie das Pferd mit der Gerte an der äußeren Schulter antippen.

Das Pferd ins Wasser führen

Der große Vorteil dieser Führpositionen ist, dass das Pferd lernt, der Gerte zu folgen, auch in schwierigen oder beängstigenden Situationen. Selbstkontrolle und Selbstvertrauen wachsen, und es wird immer vertrauensvoller und gehorsamer.

Denken Sie daran, ...

... die Gerte, die wir bei der TTEAM-Arbeit verwenden, hat sich bewährt. Sie ist steif und gut ausbalanciert, sodass sie sehr gezielt eingesetzt werden kann. Sie ist außerdem weiß, damit das Pferd sie gut sehen kann. Die Führkette muss so verschnallt sein, dass nicht mehr als 10 oder 15 cm an der Seite herausschauen. Hängt die Kette zu lang herunter, kann ihr Gewicht das Pferd in Ihre Richtung ziehen oder sie kann im Trab in Schwingung geraten.

Was machen Sie, ...

... wenn das Pferd Angst vor der Gerte hat?

Machen Sie es mit der Gerte vertraut, indem Sie es überall am Körper damit berühren und abstreichen. Zu Anfang streichen Sie mit dem Gertenknauf die Halsunterseite und die Brust ab, was die meisten Pferde nicht als bedrohlich empfinden. In kurzer Zeit wird das Pferd die Angst vor der Gerte verlieren und sie als Signalinstrument akzeptieren.

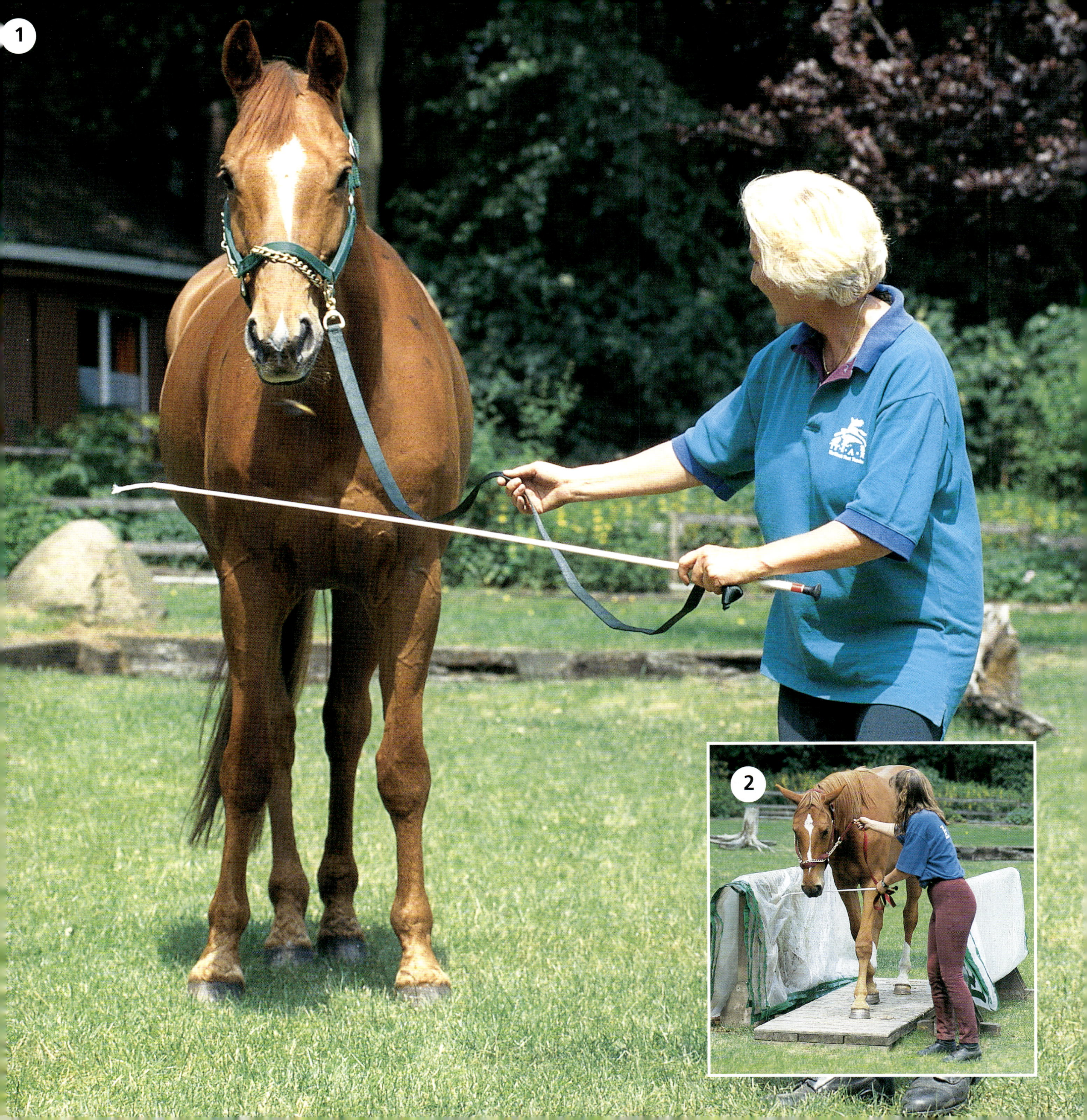
1
2

DIE BRIEFTAUBE

Diese Position aktiviert beide Gehirnhälften des Pferdes – Fokus und Konzentration verbessern sich. Bei einem temperamentvollen Pferd kann sich einer auf das Führen konzentrieren, während der Helfer dafür sorgt, dass nichts passiert.

Was brauchen Sie?

... eine Führleine mit Kette und eine mit einem Strick,
... zwei Gerten.

Wozu?

Mit der Brieftauben-Position verhindern Sie, dass das Pferd sich an Sie drängt oder Sie anrempelt. Sie ist nützlich bei Pferden, die ziehen oder schwer zu beherrschen sind, und steigert die Lernfähigkeit, weil die Impulse von beiden Seiten kommen. Außerdem hilft sie bei Pferden, die einseitig geworden sind oder sich nicht von rechts führen lassen wollen.

Denken Sie daran, ...

... der Sinn dieser Position ist, dem Pferd Selbstkontrolle beizubringen. Es soll mehr auf die Gerte und weniger auf die Kette reagieren. Dies führt dazu, dass es am Boden handsamer und unter dem Reiter leichter im Maul wird. Achten Sie darauf, die Signale vorwiegend mit der Gerte zu geben – leicht und präzise.

Die Brieftaube

1 Es gibt zwei verschiedene Möglichkeiten für diese Position, aber für beide werden zwei Personen gebraucht, zwei Führleinen und zwei Gerten. Wichtig ist, dass eine Person von Anfang an die Führung übernimmt. Die Führkette wird wie üblich verschnallt – über die Nase und auf der gegenüberliegenden Seite oben –, und der, der führt, kann die Eleganter-Elefant-Position einnehmen, um mehr Kontrolle zu haben. Auf der Seite des Helfers, der in der Anmutiger-Gepard-Position führt, wird der Strick (eine Kette ist nicht nötig) durch den unteren Halfterring auf dieser Seite gezogen und wieder an der Führleine befestigt.

2 Die zweite Methode: Eine Person übernimmt wieder die Führung, aber beide führen in der Anmutiger-Gepard-Position, so dass das Pferd nur auf die Stimmen und Gerten reagiert. Beide Gerten werden in einiger Entfernung etwa auf Nasenhöhe gehalten, sodass das Pferd sich leichter darauf konzentrieren kann, wo es hingehen soll. Zum Antreten gibt der, der führt, das Stimmsignal, und beide „öffnen" ihre Gerten vor dem Pferd.

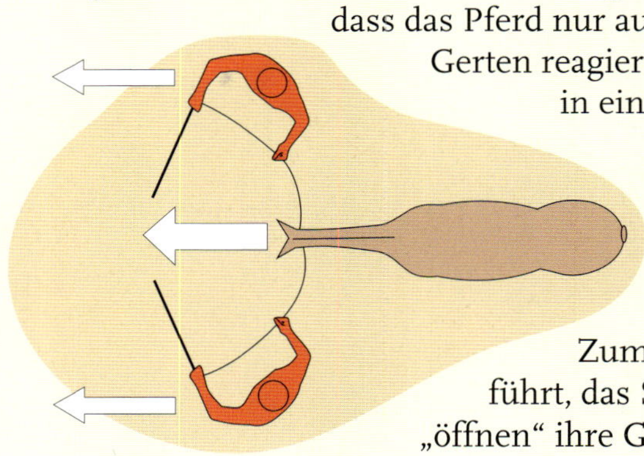

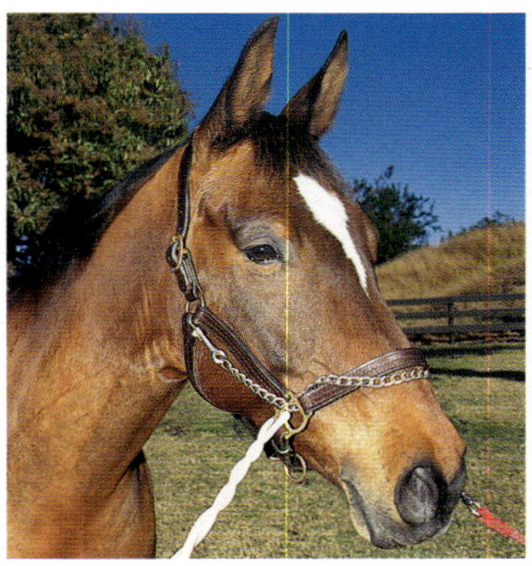

Führen von beiden Seiten

So werden die beiden Führleinen am Halfter befestigt. Zwei Ketten werden nur für sehr heftige oder aggressive Pferde benötigt. Sie werden über dem Nasenriemen gekreuzt und müssen ständig überprüft werden, damit sie sich nicht festziehen.

Lindas Tipp

Beide Personen sollten so weit vor dem Pferd gehen, dass sie sich vor seiner Nase sehen können.

Was machen Sie, ...

... wenn das Pferd steigt, statt vorwärts zu gehen?
In diesem Moment geben Sie mit der Führleine nach, denn Druck erzeugt Gegendruck. Achten Sie bei der nächsten Aufforderung zum Antreten darauf, dass die Gerten tief und ruhig gehalten werden. Manchmal ist es auch besser, in die Dingo-Position überzuwechseln.

... wenn das Pferd auf einer Seite steif ist und nicht gerade vorwärts gehen will?
Dieses Problem lässt sich oft dadurch lösen, dass man es im Slalom durch eine Reihe Kegel (Straßenmarkierungen) führt, wobei es sich abwechselnd biegen muss, oder es über Cavaletti, den Stern oder im Labyrinth arbeitet (S. 54 und 56).

1

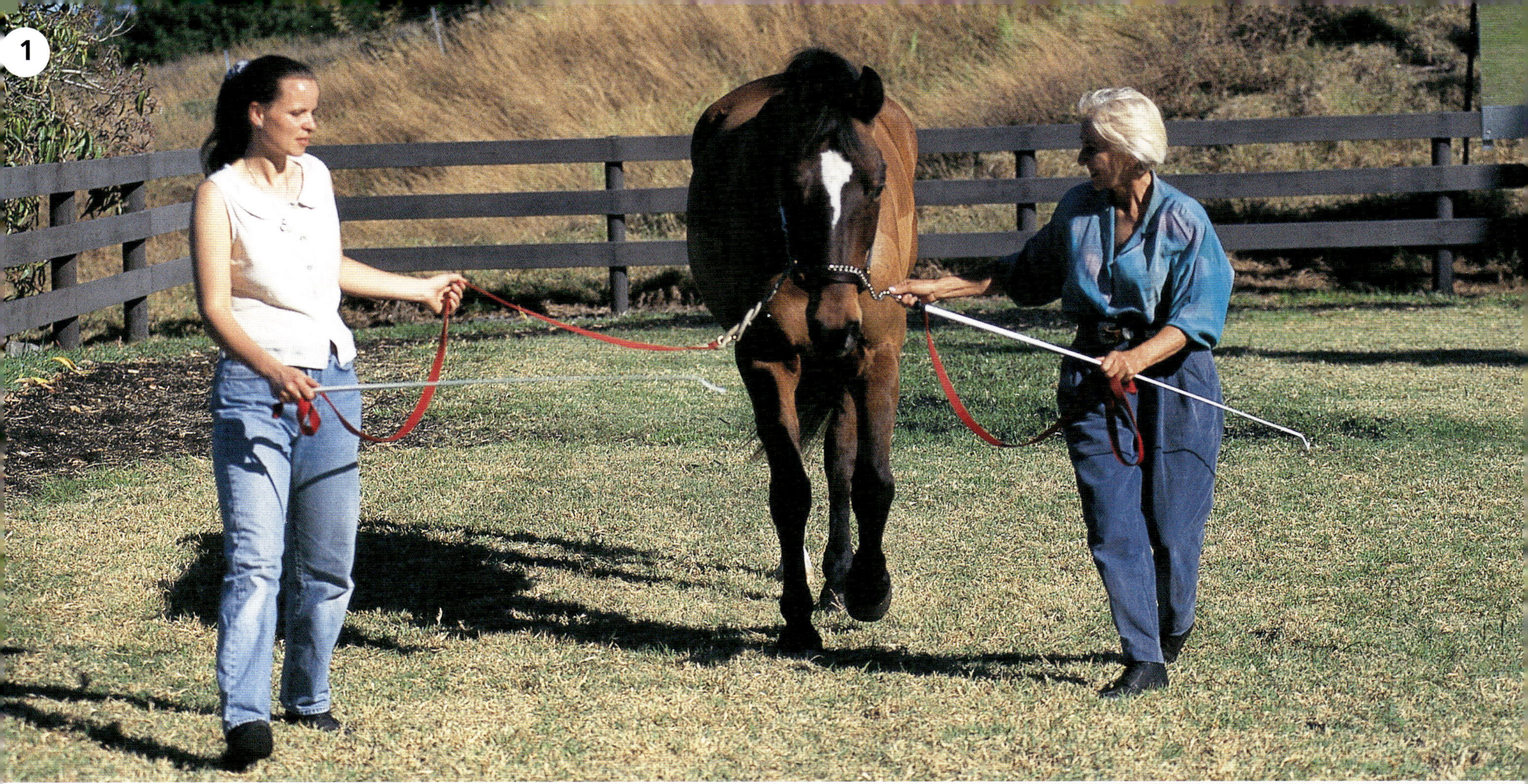

2

DER SPRUNG DES KÄNGURUS UND DAS PFAUENRAD

Kopfscheue und junge Pferde verlieren durch den Sprung des Kängurus die Angst vor Bewegungen über und neben ihrem Kopf. Durch das Pfauenrad lernen Pferde, Abstand zu halten.

Wozu?

Beide Übungen helfen dem Pferd, die Angst vor Bewegungen über und neben seinem Kopf zu verlieren. Sie sind aber nicht nur nützlich bei kopfscheuen Pferden und Verladeproblemen, sondern eignen sich auch besonders gut für junge Pferde, damit sie sich nicht erschrecken, wenn der Reiter erstmals aufsitzt. Sie bereiten sie außerdem auf ungewöhnliche oder plötzliche Bewegungen des Reiters auf ihrem Rücken vor.

Lindas Tipp

Bei Pferden, die sich nicht gern an den Ohren anfassen lassen, wird die Führleine seitlich am Halfter befestigt. Bewegen Sie die Gerte langsam über dem Pferdekopf, während Sie dem Pferd auf Brusthöhe aus einer flachen Schüssel Hafer anbieten. Reden Sie beruhigend mit ihm, bis Sie die Ohren von vorn nach hinten vorsichtig mit der Gerte abstreichen können.

Sprung des Kängurus und Pfauenrad

1–2 Der Sprung des Kängurus: Das ist die Position zum Anhalten, nachdem das Pferd in der Dingo-Position vorwärts geführt wurde. Auf der linken Seite dicht neben dem Pferd stehend, halten Sie die Kette und die in Schlaufen gelegte Führleine in der linken Hand, die Gerte nahe dem Knauf in der Rechten. Führen Sie die Gerte in einem großen Bogen über den Widerrist und die Ohren bis zur Nase des Pferdes (siehe Zeichnung). Das Zeichen zum Anhalten ist ein leichtes Antippen auf die Nase zusammen mit einem beruhigenden Stimmsignal und leichtem Zupfen an der Führleine.

3 Das Pfauenrad: Halten Sie das Pferd mit der rechten Hand. Mit dem Knauf nach oben ergreifen Sie die Gerte etwa in der Mitte und bewegen das obere Ende zwischen sich und dem Pferd wie einen Scheibenwischer hin und her. So lernt das Pferd Abstand halten. Die Übung ist auch eine gute Vorbereitung auf den Anmutigen Geparden oder Delfine schnellen durch die Wellen (S. 50).

Verladetraining

Viele Pferde steigen nicht gern in den Hänger, weil sie Angst vor der Plane oder dem Dach über ihrem Kopf haben. Um ihr Vertrauen zu stärken, bringt man sie dazu, den Kopf zu senken, und bewegt die Gerte über ihrem Kopf hin und her.

Denken Sie daran, ...

... wenn Sie mit Pferden arbeiten, die Füße etwa hüftbreit auseinander zu stellen und die Knie nicht durchzudrücken, sondern leicht zu federn, damit Sie sich schnell in alle Richtungen bewegen können. Üben Sie, langsam und gleichmäßig zu atmen, da sich Ihre Atmung auf das Pferd überträgt.

Was machen Sie, ...

... wenn das Pferd aus Angst vor der erhobenen Gerte den Kopf hochreißt und zurückzieht?
Befestigen Sie die Kette seitlich am Halfter und bringen Sie das Pferd dazu, den Kopf zu senken (S. 10). Machen Sie mit dem Gertenknauf TTouch-Kreise an Kopf und Hals. Führen Sie das Pferd mit immer noch gesenktem Kopf durch das Labyrinth (S. 54) und bewegen Sie die Gerte langsam über seinem Kopf hin und her.

1

2

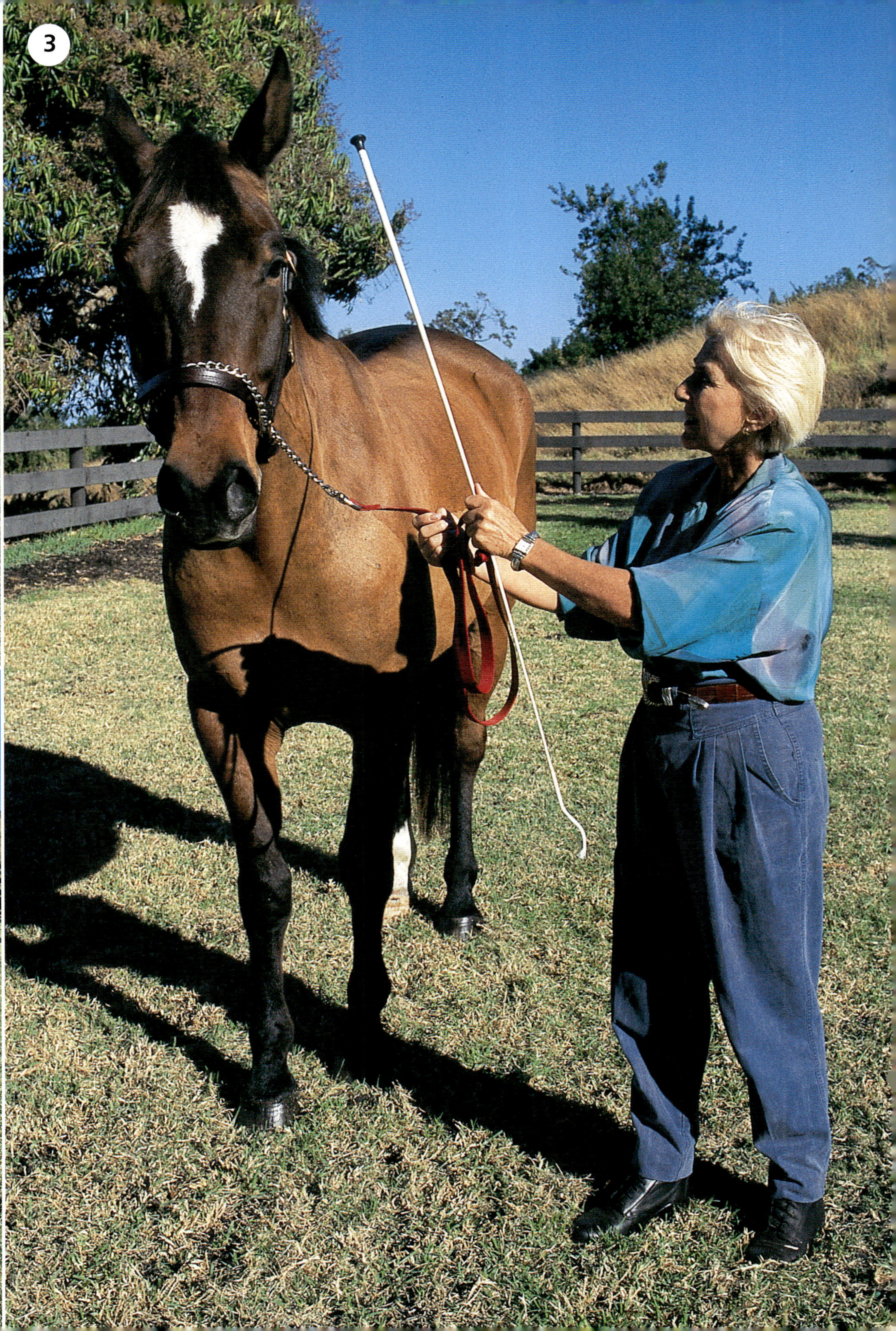
3

DELFINE SCHNELLEN DURCH DIE WELLEN

In dieser Führposition springt die Gerte weich von Punkt zu Punkt (wie ein springender Delfin): von der Kruppe zum Widerrist, zum Genick und zur Pferdenase. Das Pferd lernt, auf Sie zu hören und seinen Abstand zu halten.

Wozu?

Diese Position bereitet das Pferd auf das Longieren vor, wenn es in einiger Entfernung arbeiten und auf Stimme und Longierpeitsche reagieren soll. Es gewöhnt sich auch an Bewegungen über seinem Kopf, während es selbst in Bewegung ist.

Denken Sie daran, ...

... Ihre Position in Beziehung zum Pferd ist wichtig für Ihre eigene Sicherheit. Bleiben Sie in der Delfin-Position immer auf Schulterhöhe. Wenn Sie weiter zurückbleiben, könnte das Pferd Sie treffen, wenn es nach Ihnen ausschlägt.

Was machen Sie, ...

... wenn das Pferd zu Ihnen drängelt?

Es ist wichtig, die Kette so kurz zu fassen, dass sie nicht schwingen und dem Pferd ein ungewolltes Signal geben kann. Bewegen Sie die Gerte wie einen Scheibenwischer zwischen sich und dem Pferd (Pfauenrad, S. 48) und ziehen Sie eine klare Grenze. Sie können es an der Nase oder am Hals antippen, damit es von Ihnen weggeht. Versteht es Sie immer noch nicht, üben Sie das Abstandhalten in der Brieftauben-Position.

Delfine schnellen durch die Wellen

1–4 Beginnen Sie in der Dingo-Führposition. Auf der linken Seite stehend, halten Sie die Führleine in der linken und die Gerte am Knauf in der rechten Hand. Sobald das Pferd antritt, gehen Sie von seiner Schulter weg nach außen und lassen die Leine entsprechend durchgleiten. Dann tippen Sie dem Pferd ganz leicht auf die Kruppe, auf die Schulter, ins Genick und ganz zart, wie ein Pinselstrich, seitlich an die Nase.

Zum Anhalten wechseln Sie in die Anmutiger-Gepard-Position und nehmen die Gerte und das Ende der Führleine in die linke Hand. Die rechte gleitet hoch, näher an den Kopf des Pferdes. Machen Sie mit der Gerte etwa einen Meter vor dem Pferd eine kurze Bewegung und tippen Sie es an der Brust an. Gleichzeitig sagen Sie „hooo!“.

Lindas Tipp

Bei der TTEAM-Bodenarbeit longieren wir das Pferd etwas anders als sonst. Der Hauptunterschied besteht darin, dass wir eher in einem Oval longieren als in einem Zirkel. Außerdem verwenden wir die normale Führleine, das heißt, wir gehen mit dem Pferd mit und bleiben nicht in der Mitte stehen. Das Pferd bleibt so besser im Gleichgewicht und achtet aufmerksamer auf seinen Abstand zum Leinenführer und seinen Weg.

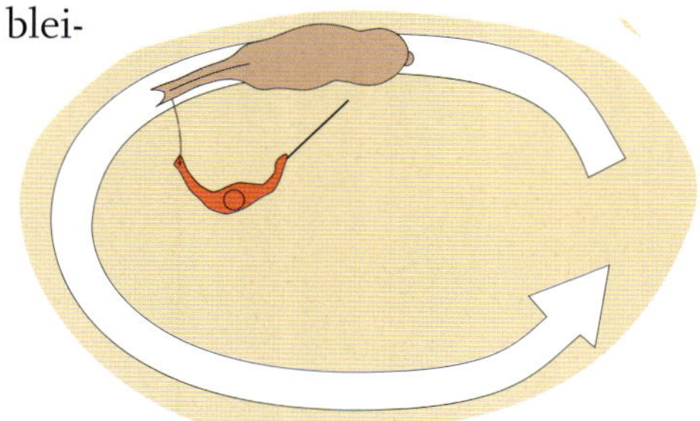

Der Flug des Adlers

Wenn das Pferd die Delfin-Übung gelernt hat, können Sie Gerte und Führleine in eine Hand nehmen. Die Gertenspitze zeigt auf seine Schulter und hält das Pferd so im größtmöglichen Abstand. Besonders für Übungen wie im Trab über Cavaletti treten lassen ist diese Position sehr nützlich.

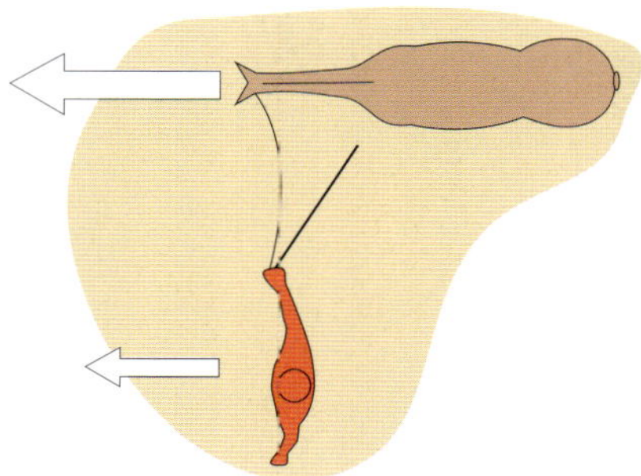

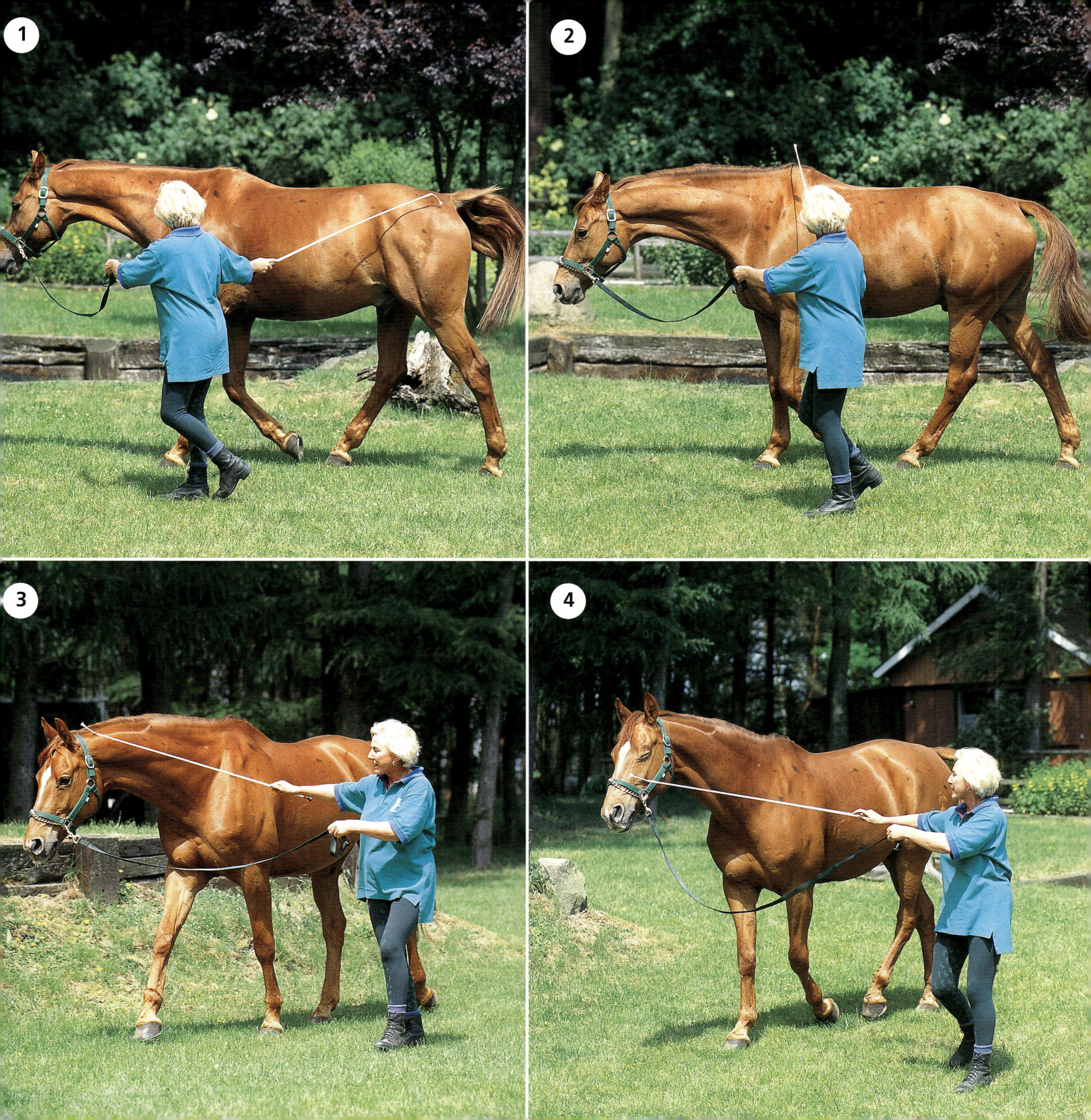
1
2
3
4

DIE TANZENDE KOBRA

Diese Führposition schult Gleichgewicht, Selbstkontrolle, Gehorsam, Konzentration und die Reaktion auf Hilfen. Das Pferd lernt, ohne Druck auf das Halfter im Gleichgewicht anzuhalten, ruhig stehen zu bleiben und auf Ihr Signal hin anzutreten.

Wozu?

Bei dieser Führposition lernt das Pferd, ein Signal abzuwarten. Sie ist deshalb besonders geeignet für Pferde, die eilen, beim Führen drängeln und schubsen, wenig Selbstkontrolle besitzen oder sich nicht anbinden lassen. Statt zurückzuziehen, geht das Pferd dann vorwärts, sobald es den Druck der Führleine spürt.

Lindas Tipp

Üben Sie diese Position im Labyrinth (S. 54), indem Sie das Pferd anfangs immer nur einen Schritt machen und dann anhalten lassen. Dann zwei Schritte und Halt. Um immer einen gleichmäßigen Abstand einzuhalten, müssen Sie rückwärts gehen, wenn Sie das Pferd anhalten wollen. Wird der Abstand kleiner, werden die Gertensignale weniger klar.

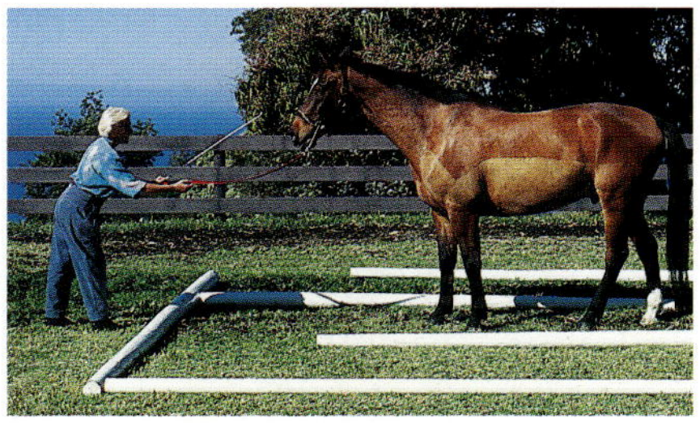

Die Tanzende Kobra

1 **Still stehen:** Sie stehen in etwa einem Meter Abstand mit dem Gesicht zum Pferd, den Oberkörper leicht nach vorn geneigt, um zu verhindern, dass es vorwärts geht. Die Führleine halten Sie locker in beiden Händen – wenn sie links am Halfter befestigt ist, das Ende in der linken und die Mitte in der rechten Hand. Die Gerte halten Sie so in der linken Hand, dass die Spitze in Richtung Pferdenase zeigt.

2 **Antreten und Anhalten:** Um dem Pferd zu signalisieren, dass es antreten soll, treten Sie einen Schritt zurück und richten sich auf. Gleichzeitig erfolgen das Gertensignal – die Gerte vor Ihrer Brust in Richtung auf Ihre rechte Schulter führen – und das Vorwärtssignal – Zupfen und Nachlassen – an der Führleine. Lassen Sie das Pferd ein oder zwei Schritte nach vorn machen und halten Sie es wieder an, indem Sie mit der Gertenspitze auf seinen Nasenrücken zeigen und sich leicht vorbeugen. Genügt das nicht, tippen Sie es leicht an der Nase oder an der Brust an. Als Reaktion wird es den Kopf heben und sein Gleichgewicht nach hinten verlagern, was ihm das Anhalten erleichtert.

Freiarbeit

Wenn Sie die Tanzende Kobra mit der Führleine beherrschen, probieren Sie dasselbe ohne Leine auf einem umzäunten Platz. Für den Anfang knüpfen Sie dem Pferd ein Stück Strick um den Hals und versuchen, es ausschließlich mit Gertensignalen und Körpersprache durchs Labyrinth zu leiten. Wenn es Ihnen aufmerksam und konzentriert folgt, können Sie den Strick abmachen und die Übung ganz frei versuchen. Sie werden sehen, wie viel Spaß die freie Arbeit Ihnen beiden macht!

Denken Sie daran, ...

... einem Hengst niemals mit der Gerte an die Brust zu tippen, wenn Sie vor ihm stehen, da dies bei ihm den Kampfreflex auslösen könnte. Tippen Sie ihn stattdessen an der Nase an.

Was machen Sie, ...

... wenn das Pferd nicht anhält?
Es gibt drei Möglichkeiten:
(1) Mit der Gerte auf die Kette über dem Nasenrücken tippen. Das Pferd wird daraufhin den Kopf heben und sein Gewicht weiter nach hinten verlagern, was ihm das Anhalten erleichtert.
(2) Die Übung Dem Kamel einen Tipp geben wiederholen, um das Pferd an die Beziehung zwischen dem Antippen an die Brust und dem Anhalten zu erinnern.
(3) Von einem Helfer eine zweite Führleine auf der anderen Seite befestigen lassen, um damit Ihre Gerten- und Stimmsignale zu unterstützen.

1

2

DAS LABYRINTH

Ein Pferd, das unter Anwendung der beschriebenen Führpositionen durch das Labyrinth geführt wird, lernt Geduld, Gehorsam, Gleichgewicht und Selbstkontrolle. Mensch und Pferd erkennen, dass es auf Genauigkeit ankommt.

Was brauchen Sie?

Das Labyrinth besteht aus 6 stabilen Stangen von 4 m Länge, anfangs in 1,20 m Abstand. Sollte Ihr Pferd in den Wendungen Schwierigkeiten bekommen, können Sie sie auch weiter auseinander legen.

Lindas Tipp

Sie können das Gleichgewicht Ihres Pferdes erheblich verbessern, wenn Sie es in den Wendungen wie auf den Geraden jeweils ein oder zwei Schritte machen lassen und wieder anhalten. Lässt sich ein Pferd draußen schwer führen, bauen Sie ein Labyrinth zwischen Stall und Paddock oder Weide und führen es hindurch. Viele Pferde, die sonst gern herumzappeln, stehen im Labyrinth ganz ruhig. Die TTEAM-Arbeit erfordert keine Wiederholungen. Wenn das Pferd also eine Übung gut gemacht hat, beenden Sie sie und lassen es darüber nachdenken.

Durch das Labyrinth

1 Alle Führpositionen können im Labyrinth verwendet werden. Macht Ihr Pferd zum ersten Mal Bekanntschaft damit, führen Sie es am besten im Eleganten Elefanten und halten vor jeder Wendung an. Führen Sie von links, mit der Gerte und dem Leinenende in der linken Hand und der Rechten an der Kette. Die Gerte halten Sie mit dem Knauf vor das Pferd. Für die ersten Schritte ins Labyrinth machen Sie einen halben Meter bis einen Meter vor der Pferdenase mit der Gerte eine einladende Bewegung nach vorn, gefolgt von einem leichten Zupfen und Nachlassen an der Führleine. Zum Anhalten bewegen Sie – so, dass das Pferd es sehen kann – die Gerte in einer weichen Bewegung auf und ab. Tippen Sie es an der äußeren Schulter an und geben Sie gleichzeitig ein leichtes Signal nach rückwärts mit der Führleine. Sobald das Pferd anhält, streichen Sie es mit der Gerte sanft an der Unterseite des Halses ab.

2 Achten Sie darauf, wie Ihr Pferd die Wendungen bewältigt. Die meisten Pferde haben eine „gute“ Seite und können sich in eine Richtung besser biegen als in die andere. Führen Sie das Pferd so ins Labyrinth, dass die erste Wendung auf seiner „guten“ Seite liegt und ihm leicht fällt. Die Wendung auf der schwierigeren Seite fällt ihm leichter, wenn Sie es von der anderen Seite führen. Mit der Dingo-Position und einem leichten Antippen an Kruppe, Oberschenkel oder Sprunggelenk bringen Sie es dazu, besser unterzutreten.

Über die Stangen

Zur Abwechslung können Sie das Labyrinth auch wie Bodenstangen verwenden und Ihr Pferd über die Stangen treten lassen. Ist dem Pferd dies zunächst nicht geheuer, verdoppeln Sie den Abstand.

Denken Sie daran, ...

... lassen Sie dem Pferd genügend Platz, stehen Sie ihm nicht im Weg. Es ist in Ordnung, wenn Sie dazu in einer anderen Abteilung oder außerhalb des Labyrinths gehen müssen. Wichtig ist, dass das Pferd Platz hat.

Was machen Sie, ...

... wenn das Pferd in der Wendung über die Stange stolpert?
Probieren Sie eine oder alle der folgenden Möglichkeiten:
Verschaffen Sie ihm mehr Platz, indem Sie das Labyrinth vergrößern.
Geben Sie ihm mit dem „Dingo“ einen Vorwärtsimpuls, wenn es in die Wendung geht.
Bringen Sie den Pferdekopf höher, wenn es in der Wendung auf die Vorhand oder nach innen fällt. Dadurch wird der Schwerpunkt weiter nach hinten verlagert.

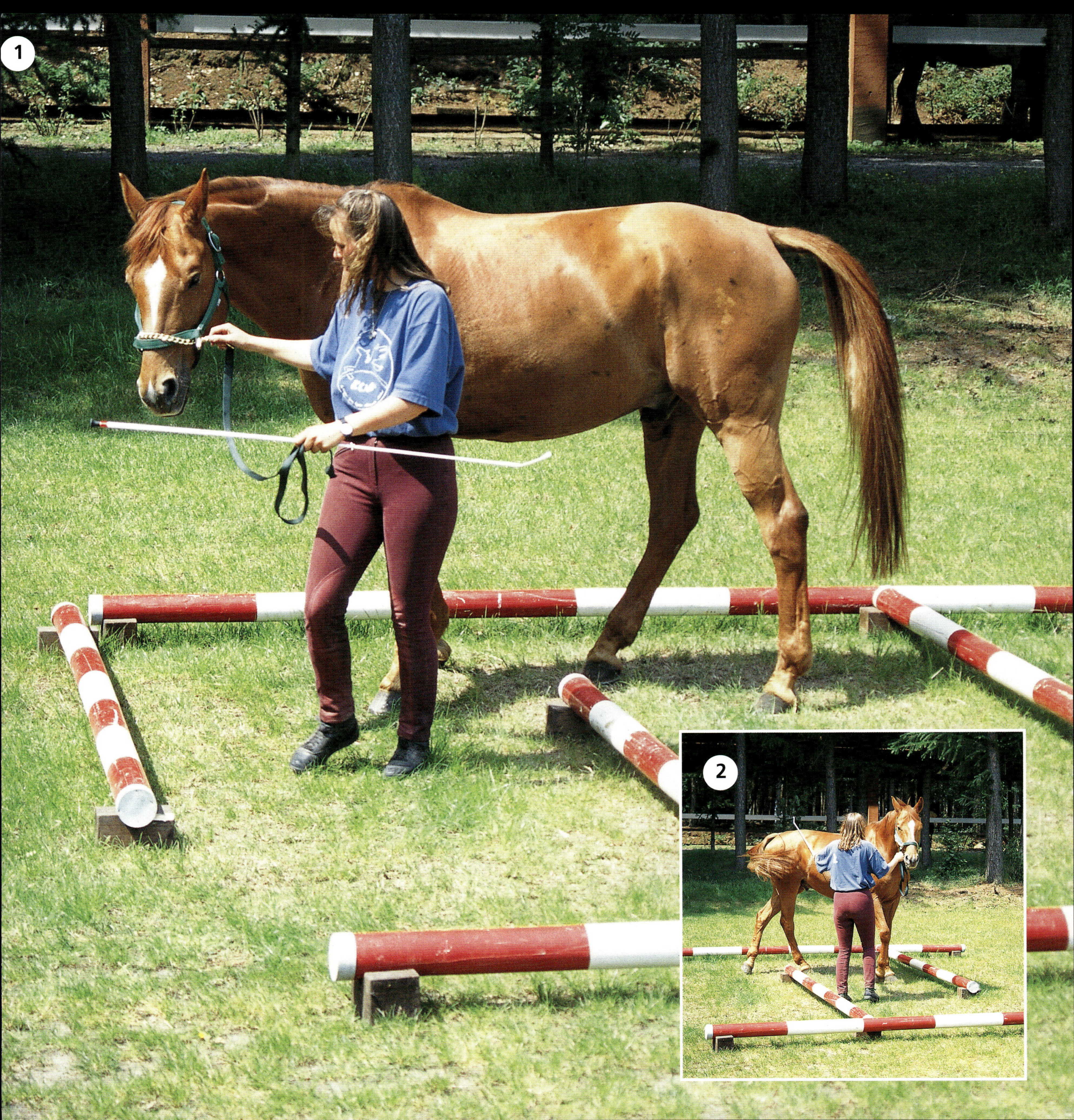
1
2

STERN, CAVALETTI UND MIKADO

Die Arbeit über den fächerförmigen Stern sowie über Cavaletti und verschieden hohe Bodenstangen (Mikado) hilft Pferden, die fest im Rücken sind, sich schlecht biegen oder stolpern, und verbessert die Auge-Huf-Koordination.

Was brauchen Sie?

Stern: Vier 4 m lange, schwere Stangen und etwas, um sie aufzulegen – einen Heu- oder Strohballen, ein Gatter, ein kleines Hindernis oder Autoreifen.
Cavaletti: Vier bis sechs Cavaletti, ca. 15–25 cm hoch, im Abstand von 80 cm bis 1,50 m.
Mikado: Vier stabile Stangen.

Wozu?

Nervöse, verspannte Pferde bekommen mehr Selbstvertrauen, wenn sie das Stangentreten bewältigt haben. Die Folge: Sie werden lockerer. Der Stern mit seinen ungleich hohen Stangen verbessert die Auge-Huf-Koordination und die Fähigkeit, Höhen und Abstände einzuschätzen. Er fördert auch die Biegsamkeit, denn das Pferd muss nicht nur die Beine unterschiedlich hochheben, sondern sich zugleich auch biegen.

Denken Sie daran, ...

... die Abstände zwischen den Stangen und die Höhe an die Größe Ihres Pferdes, seinen Gang und seine Beweglichkeit anzupassen. Fangen Sie mit der einfachsten Form an – beim Stern mit den Stangen am Boden, am äußeren Ende ca. 1,20 m voneinander entfernt.

Stern und Cavaletti

1 **Der Stern:** Anfangs führen Sie das Pferd in der Führposition Anmutiger Gepard außen über die Stangen, wo sie am niedrigsten sind. Sie selbst gehen auf der höheren Seite, und zwar zwei Stangen vor dem Pferd, damit es genug Platz hat, um Höhe und Abstände einschätzen zu können und sich eigenständig auszubalancieren. Sobald ihm dies gelingt, lassen Sie es weiter innen gehen, wo es die Beine höher nehmen muss, und erschweren die Aufgabe dadurch zusätzlich, dass Sie die Abstände verringern. Wichtig ist, das Pferd in beide Richtungen und von beiden Seiten zu führen. Später können Sie zu den Führpositionen Delfine schnellen durch die Wellen oder Flug des Adlers übergehen.

2–3 **Cavaletti:** Der Vorteil der Cavaletti-Arbeit besteht darin, dass sich die Cavaletti auf vielfältige Art anordnen lassen, so dass Ihnen viele verschiedene Möglichkeiten offen stehen. Anzahl und Abstände lassen sich ebenso verändern wie die Höhe. Wenn Sie Stangen benutzen, können sie auf einer Seite höher sein als auf der anderen. Sie können das Pferd entweder über die Cavaletti führen oder außen an den Cavaletti entlanggehen und es allein darüber treten lassen. Cavaletti-Arbeit verbessert die Schulterfreiheit und macht Hüften, Hals und Rücken locker.

Mikado

Bei dieser Übung werden die Stangen in „planvollem Durcheinander“ gelegt. Sie sollen verschieden weit voneinander entfernt, aber nicht zu hoch sein und dürfen nicht wegrollen, wenn das Pferd dagegen stößt. Beginnen Sie mit dem Eleganten Elefanten, und wenn das Pferd sich konzentriert hat, wechseln Sie zum Anmutigen Geparden, damit es Platz hat, den Kopf zu senken und sieht, wo es seine Füße hinsetzt.

Lindas Tipp

Wenn Ihr Pferd Angst vor den Stangen hat oder dazu neigt, dagegen zu treten oder darüber zu stolpern, streichen Sie seine Beine von oben bis hinunter zu den Hufen mit der Gerte ab und tippen Sie die Hufe mit der Gertenspitze und dem Knauf an. Das bringt mehr Aufmerksamkeit und Gefühl in die Beine. Übertreiben Sie Ihre eigenen Bewegungen – das Pferd wird Sie nachahmen wollen. Wenn Sie mit hochgezogenen Beinen über die Stangen treten, wird es sich wahrscheinlich ebenfalls mehr anstrengen.

Was machen Sie, ...

... wenn das Pferd mit der Hinterhand aus dem Stern herausschwingt?
Versuchen Sie es mit einer der folgenden Möglichkeiten:
Führen Sie das Pferd so, dass es innen geht und Sie außen (am weiteren Ende).
Lassen Sie es während der Übung ein Körperband oder -seil tragen.
Verringern Sie die Anzahl der Stangen.
Legen Sie statt der Stangen einen oder mehrere Stricke auf den Boden.

1

2

3

BRÜCKE, WIPPE UND BRETT

Das hohle Geräusch der Hufe auf Holz und die (leicht) nachgebenden Planken sind (für das Pferd) eine neue Erfahrung. Zusammen mit dem Balancieren auf einer beweglichen Fläche eine Vorbereitung auf das Verladen und den Transport.

Was brauchen Sie?

Brett: Eine Sperrholzplatte, 1,20 x 2,40 m groß und 2,5 cm dick, oder starke Planken, die entsprechend verstärkt sind. Wippe: Das Brett und eine 1,20 m lange Stange als Unterlegholz. Brücke: Das Brett mit zwei Fängen.

Wozu?

Ein nervöses Pferd hat oft Hemmungen, einen Untergrund zu betreten, der ihm nicht ganz fest zu sein scheint. Wenn es mit Ihrer Hilfe seine Angst überwunden hat und nichts passiert ist, wächst sein Vertrauen zu Ihnen. Es auf diese Art von einer Unsicherheit zu befreien wirkt sich auch im täglichen Umgang ausgesprochen positiv aus.

Brücke und Wippe

1 **Die Brücke:** Eine schmale Brücke wie die auf dem Foto überwinden Sie am besten in der Dingo-Position. Gehen Sie vor dem Pferd her auf das Brett und tippen Sie es auf der Kruppe an, um es zum Weitergehen aufzufordern.

2–4 **Die Wippe:** Sobald das Pferd ohne zu zögern über das Brett am Boden geht, können Sie die Wippe in Angriff nehmen. Dazu eignen sich die Dingo-Führposition oder der Elegante Elefant. Wenn das Pferd auf der Wippe steht, halten Sie es einen Augenblick an, bevor es den entscheidenden Schritt macht. Wahrscheinlich erschrickt es anfangs, wenn die Wippe kippt, seien Sie also vorsichtig. Kennt es die Wippe erst einmal, können Sie es auch genau in der Mitte anhalten und durch Gewichtsverlagerung hin und her wippen lassen.

Über das Brett

Die Arbeit auf dem Brett ist die beste Vorbereitung für das Verladen. Führen Sie Ihr Pferd erst quer und dann längs über das Brett. Driftet es gern seitlich vom Brett ab, legen Sie rechts und links Stangen aus, die es in der Spur halten. Pferde, die Probleme damit haben, rückwärts aus dem Hänger zu gehen – entweder gar nicht oder aber in kopfloser Hast, haben oft überhaupt nie gelernt, an der Hand rückwärts zu gehen. Bringen Sie ihm dies zuerst bei, dann lassen Sie es rückwärts vom Brett gehen. Eine gute Übung dazu ist der sog. Tanz: Mit Dingo und Dem Kamel einen Tipp geben lassen Sie das Pferd einen Schritt vor und einen zurück machen, und zwar tippen Sie es mit der Gerte an den Vorderbeinen (am vorderen zuerst) an und zupfen an der Kette leicht rückwärts. Wiederholen Sie die Übung.

Lindas Tipp

Weigert sich das Pferd einfach, auf das Brett oder die Brücke zu steigen, legen Sie Futter darauf aus. Wenn es kaut, atmet es besser durch und entspannt sich, und außerdem senkt es den Kopf. Hat es einen Schritt gemacht, halten Sie es an und füttern es wieder. Auch der Dingo kann dabei helfen, es vorwärts zu schicken. Wenn ein Pferd Angst hat – vor diesen oder irgendwelchen anderen Übungen –, ist es immer eine gute Idee, ihm Futter anzubieten. Das Fressen aktiviert das parasympathische Nervensystem des Pferdes, das damit die Oberhand gewinnt über das sympathische Nervensystem, das die Fluchtreaktion auslöst.

1

2

3

4

ARBEIT MIT PLASTIKFOLIEN

Die Arbeit mit Plastikfolien macht Ihr Pferd scheufrei, eine optimale Vorbereitung auf das Reiten im Gelände oder auf einem Turnier mit seinen ungewohnten Gegenständen und Geräuschen, flatternden Zeltplanen und Flaggen.

Was brauchen Sie?

Zwei bis drei 3,50 x 2 m große stabile Plastikfolien. Sie werden doppelt zusammengefaltet, damit sie noch dicker werden.

Wozu?

Dies ist eine der wichtigsten TTEAM-Übungen, bei der das Pferd denken lernt, statt seinem Fluchtreflex nachzugeben. Es verliert die Angst vor Dingen, die Geräusche machen, sich bewegen oder sich über seinem Kopf befinden (wie Sie auf seinem Rücken oder das Hängerdach), vor Plastiktüten, die sich in Büschen und Bäumen verfangen haben. Enge Durchgänge und ungewohnter Boden, der ihm zuvor äußerst verdächtig erschienen wäre, machen ihm nichts mehr aus. Wie bei allen Hindernisübungen wird das Vertrauensverhältnis gestärkt.

Denken Sie daran, ...

... hat sich das Pferd an die Plastikfolien gewöhnt, können Sie zwei oder drei Übungen kombinieren und es durch einen Gang führen, der oben, unten und seitlich mit Plastikfolie ausgekleidet ist – die denkbar beste Vorbereitung auf das Verladen.

Arbeit mit Plastikfolien

1 Zwei doppelt gefaltete Plastikfolien V-förmig, aber mit weit offener Spitze, auf den Boden legen. Führen Sie das Pferd heran, lassen Sie ihm Zeit, sich alles anzusehen, und führen Sie es durch die Öffnung. Wenn nötig, bieten Sie ihm etwas Futter an.

2 Sobald das Pferd vertrauensvoll hindurchgeht, schieben Sie die Folien immer enger zusammen, bis es schließlich ruhig über die nun geschlossene Spitze des V geht.

3 Hängen Sie die Folien über zwei Stangen und führen Sie das Pferd dazwischen durch. Sie können auch das Brett dazwischenlegen und es darüber führen, wie auf dem Foto rechts. Wird das Pferd unsicher, machen Sie den Durchgang etwas breiter.

4–5 Der letzte Schritt besteht darin, das Pferd unter der Plastikfolie durchzuführen. Zwei Helfer auf Stühlen oder Strohballen halten die Folie in die Luft. Wenn das Pferd anfangs losstürmt, müssen Sie darauf achten, trotzdem vor ihm zu bleiben, die Leine locker zu lassen und es nicht festzuhalten. Das nächste Mal, wenn es gemerkt hat, dass kein Grund zur Aufregung besteht, wird es die Sache schon ruhiger angehen.

Wasser auf der Folie

Wenn das Pferd die Plastikfolie akzeptiert, aber nicht durchs Wasser geht, schütten Sie etwas Wasser auf die Folie und nehmen dieses neue Hindernis in Ihr Bodenarbeitsprogramm auf. Viele Pferde haben Angst vor Wasser, und dies ist eine äußerst nützliche Übung, diese Angst zu überwinden.

Lindas Tipp

Wenn Ihr Pferd sich standhaft weigert, unter der Plastikfolie durchzugehen, lassen Sie die Helfer zwei Gerten hochhalten. Hat es sich daran gewöhnt, versuchen Sie es wieder mit der Folie, die aber ganz hochgehalten wird. Wenn das Pferd Vertrauen gefasst hat, wird sie allmählich gesenkt. Manche Pferde werden so vertraut, dass sie sogar den Kopf unter der Folie durchstecken und die Folie über ihren Rücken schleifen lassen!

Was machen Sie, ...

... wenn das Pferd sogar Angst hat, unter den Gerten durchzugehen?

Gerten zunächst senkrecht nach oben halten. Bieten Sie dem Pferd Hafer oder Leckereien aus einer flachen Schüssel an oder lassen Sie ihm das Futter von einem Helfer reichen. Verwenden Sie die Sprung-des-Kängurus-Führposition.

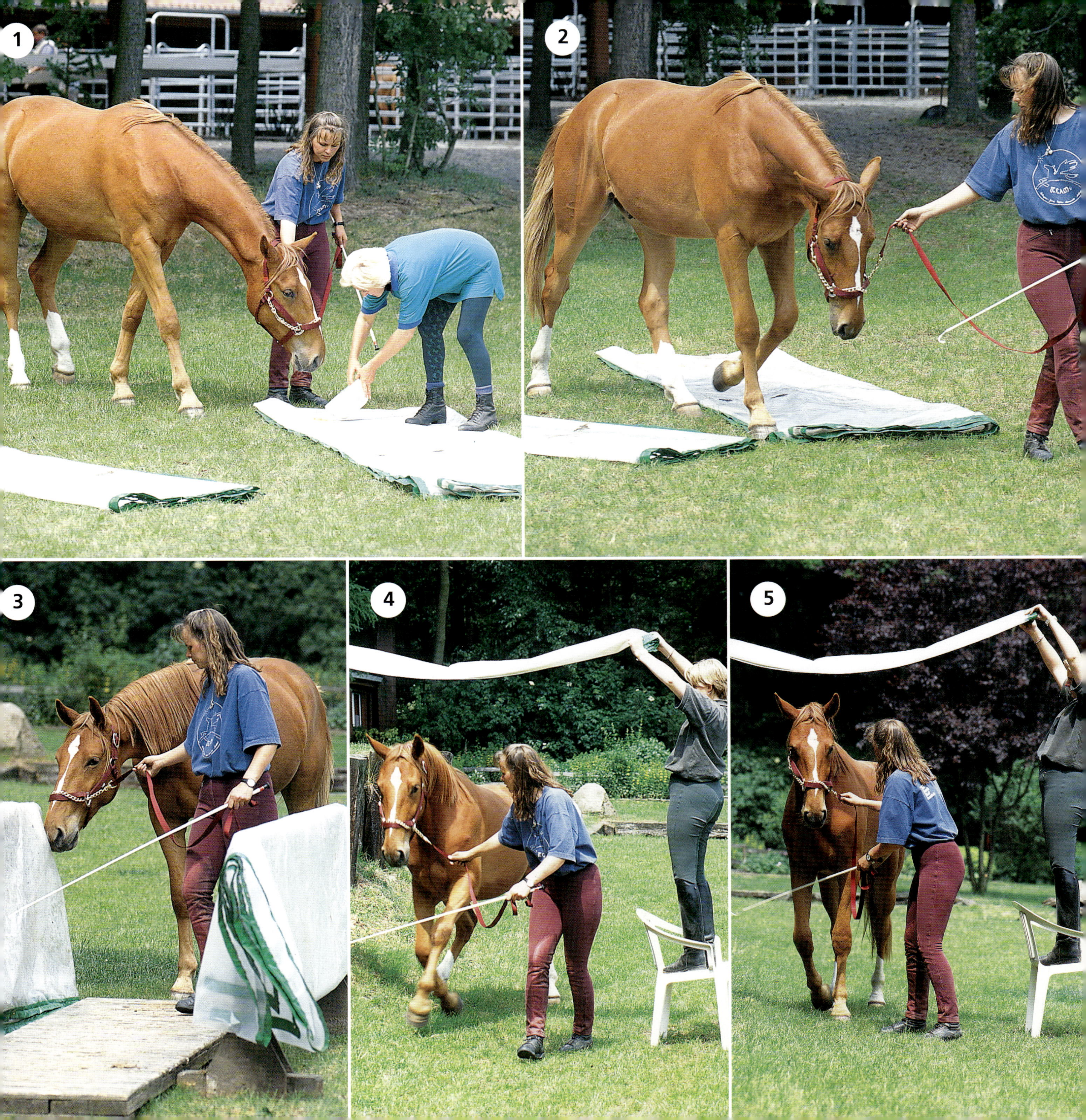
1
2
3
4
5

CHECKLISTE

Überprüfen Sie Ihr Pferd

Viele typische Verhaltensprobleme können durch das TTeam-Training gelöst werden. Mithilfe dieser Checkliste möchten wir es Ihnen leichter machen, das Verhalten und die Gesundheit Ihres Pferdes zu überprüfen und ggf. zu verbessern.
Die TTouches ersetzen selbstverständlich keinesfalls den Tierarzt. Mit dem TTouch können Sie aber manchen Krankheiten vorbeugen, die Zeit überbrücken, bis der Tierarzt eintrifft, oder auch eine nachfolgende Behandlung unterstützen.
Sie sollten allerdings auch bei Verhaltensproblemen immer zuerst Krankheiten wie z.B. Eierstockszysten durch eine tierärztliche Untersuchung ausschließen.
Probleme beim Reiten hängen zu einem sehr hohen Prozentsatz mit dem Reiter oder der Anpassung des Sattels zusammen. Sehr viele Sättel sind zu eng, auch wenn der Widerrist genug Platz zu haben scheint. Sie sollten mit der Hand zwischen Sattel und Pferd leicht von der Kammer bis hinunter ans Sattelblatt gleiten können. Dabei dürfen keine Druckstellen zu spüren sein und beide Seiten sollten gleich sein. Auf die Wirbelsäule darf kein Druck ausgeübt werden, und der Sattel muss überall gleichmäßig aufliegen.
Denken Sie auch daran, dass das Gebiss in der richtigen Höhe verschnallt und der Nasenriemen nicht zu eng sein sollte. Auch passt nicht jedes Gebiss zu jedem Pferd. So sind z.B. dicke Wassertrensen für manche zierlichen Pferde einfach viel zu massig und schwer.
Auch Zahnprobleme können sich in Verhaltensproblemen äußern. Eine Studie hat gezeigt, dass 90% aller Pferde Probleme mit den Zähnen haben. Manchmal wollen sich Pferde nach einer Seite nicht mehr biegen, sie spielen mit der Zunge, steigen und zeigen Unwillen bei der Arbeit. Oft werden sie auch einfach allgemein im Umgang ungenießbar. Bei manchen Pferden sind die Zahnprobleme an äußeren Anzeichen zu erkennen. Sie lassen Teile des Futters wieder aus dem Maul fallen, haben Futterreste in den Backentaschen, magern ab oder haben Mundgeruch. Für die Behandlung empfehle ich unbedingt, nur ausgebildete Pferdezahnärzte heranzuziehen.
Eine wichtige Voraussetzung für die Gesundheit und das Wohlbefinden des Pferdes sind auch die Hufe. Ein schlechter Beschlag oder schlecht angepasste Hufschuhe behindern die Mechanik des Hufs und wirken sich auf die Körperhaltung aus. Die Schmerzen können ebenso Stress verursachen wie das Barfußlaufen bei empfindlichen Pferden.
Natürlich spielen auch Haltung (Stall, Weidegang, Weide-/Stallgefährten etc.), Umgang, Futter und tierärztliche Versorgung eine große Rolle für das Wohlbefinden Ihres Pferdes. Darauf im Einzelnen einzugehen würde hier leider zu weit führen, ich bitte Sie aber, all diese Aspekte nicht aus den Augen zu verlieren.

Verhaltens- und Gesundheits-Check:

Ihr Pferd	**TTouch:**	**TTeam:**
ist allgemein ängstlich und unsicher	Liegender-Leopard-TTouch (18), Ohren-TTouch (20), Beinarbeit (32/34), Kombinierter TTouch (18), Schweifarbeit (30)	Körperband (38), Vertrauenstraining, Plastikfolie (60), Brett (58)
ist guckig, besonders bei Geräuschen und Bewegungen von hinten	Schweifarbeit (30), Maularbeit (22), Ohren-TTouch (20), Kombinierter TTouch (18), Lecken der Kuhzunge (28)	Körperband (38), allgemeine Bodenarbeit
zieht beim Führen und lässt sich schlecht anhalten	Ohrenarbeit (20), Liegender Leopard (16)	Eleganter Elefant (40), Labyrinth (54), Brieftaube (46)
hat keinen Respekt, rennt Sie um	Ohrenarbeit (20), Liegender Leopard (16)	s.o.
steht nicht beim Putzen, beim Schmied oder Tierarzt	Den Kopf senken (10), Den Tiger zähmen (12), Beinkreisen (32/34), sanftes, weiches Putzen	Eleganter Elefant (40), Dingo (42)
knirscht beim Reiten mit den Zähnen	Maul- und Zungenarbeit (22), Ohrenarbeit (20), Wolkenleopard (14) am Hals, Liegender Leopard (16) am Rücken	Stern (56)
ist kopfscheu, sträubt sich gegen das Auftrensen	Maularbeit (22), Ohrenarbeit (20), Den Kopf senken (10), Liegender Leopard (16) am Kopf	s.o.
schlägt beim Reiten ständig mit dem Schweif	Schweifarbeit (30), TTouches am Rücken und Hals, Lecken der Kuhzunge (28)	Bodenarbeit über erhöhte Stangen wie Stern (56)

CHECKLISTE

Überprüfen Sie Ihr Pferd

Verhaltens- und Gesundheits-Check:

Ihr Pferd	TTouch:	TTeam:
fällt beim Anhalten auf die Vorhand	Lecken der Kuhzunge (28), Beinkreisen (32/34), Rücken anheben (26)	Körperband oder Körperseil (38), Dingo und Dem Kamel einen Tipp geben (42), Labyrinth (54), Tanzende Kobra (52)
stolpert oft	Python-TTouch (18), Beinkreisen (32/34)	Labyrinth (54), Cavaletti, Mikado, Stern (56)
hält sich im Rücken fest	Den Kopf senken (10), Bauchheben (24), Rückenheben (26), Schweifarbeit (30), Beinkreisen hinten (34), Lecken der Kuhzunge (28)	Cavaletti, Mikado, Stern (56)
schnappt oder beißt	Den Tiger zähmen (12), Maularbeit (22)	Brieftaube (46)
lässt sich nicht fangen	Maularbeit (22), Ohrenarbeit (20), TTouches am Kopf, Schweifarbeit (30)	Tanzende Kobra (52), Delfine schnellen durch die Wellen (50), Anmutiger Gepard (44)
leidet unter Gurt- oder Sattelzwang	Python-TTouch (18), Bauchheben (24), Kopfsenken (10)	Bodenarbeit mit Sattel und tiefem Kopf
geht nicht ins Wasser	Kopfsenken (10), verbundene TTouches	Dingo und Dem Kamel einen Tipp geben (42), Wippe (58), Arbeit mit Plastikfolie (60)
lässt sich nicht verladen	Maularbeit (22), Ohrenarbeit (20), Beinarbeit (32/34), Schweifarbeit (30)	s.o., Kette seitlich verschnallt, außerdem Anmutiger Gepard (44), Brücke und Brett (58)
hat Angst vor engen Durchgängen	Lecken der Kuhzunge (28), Schweifarbeit (30), Ohren-TTouches (20), Kopfsenken (10), Maularbeit (22)	s.o.
hat einen Kolikanfall	Ohrenarbeit (20), Bauchheben (24)	
steht unter Turnierstress	Liegender-Leopard-TTouch (16), Ohrenarbeit (20), Mähne ziehen, Python-TTouch (18), Lecken der Kuhzunge (28), langsam ausgeführt	
ist erschöpft nach einer Anstrengung	Ohrenarbeit (20), Lecken der Kuhzunge (28), Kombinierter TTouch (18) überall am Körper	
ist im Schockzustand, z.B. nach einem Unfall	Ohrenarbeit (20), Liegender-Leopard-TTouch (16), Bauchheben (24), Python-TTouch (18) an den Beinen	
ist sehr verspannt	Bauchheben (24), Kombinierter TTouch (18), Ohrenarbeit (20)	Labyrinth (54), einfache Stangenarbeit, Plastikfolie (60)
ist abweisend und kontaktscheu	Maularbeit (22), Liegender Leopard (16) am Kopf und an den Ohren, Kombinierter TTouch (18) am Körper	allgemeine Bodenarbeit
hat Muskelkater nach ungewohnter Anstrengung	Python-TTouch (18), Kombinierter TTouch (18), Wolkenleopard-TTouch (14), Beinkreisen (32/34), Ohrenarbeit (20)	
biegt sich schwer in den Wendungen	Lecken der Kuhzunge (28), Kombinierter TTouch (18)	Stern (56), Labyrinth (54)

SERVICE

Nützliche Adressen • Zum Weiterlesen • Videos

Nützliche Adressen

Vereinigung der Freizeitreiter in Deutschland e.V. (VFD)
Am Bauernwald 5b
81739 München
Tel. 0171-4201521
Fax 089-60608123
e-mail: bundesvorstand@vfdnet.de
Internet: www.vfdnet.de

Deutsche Reiterliche Vereinigung (FN)
Freiherr-von-Langen-Str. 13
48231 Warendorf
Tel. 02581-63620
Fax 02581-62144
e-mail: fn@fn-dokr.de
Internet: www.pferd-aktuell.de

Bundesfachverband für Reiten und Fahren in Österreich (BFV)
Geiselbergstr. 26-35/512
A – 110 Wien
Tel. 01-7499261
Fax 01-7499261/91 oder 90
e-mail: office@fena.at
Internet: www.fena.at

FS Reit-Zentrum Reken
Frankenstr. 37
48734 Reken
Tel. 02864-2434
Fax 02864-5860
e-mail: fs.reitzentrum@t-online.de
Internet: www.fs-reitzentrum.de

Schweizerischer Verband für Pferdesport (SVPS)
Papiermühlestr. 40 H
Postfach 726
CH – 3000 Bern 22
Tel. 031-335 43 43
Fax 031-335 43 58
e-mail: info@svps-fsse.ch
Internet: www.svp.fsse.ch

TTEAM Deutschland
Bibi Degn
Hassel 4
57589 Pracht
Tel. 02682-88 86
Fax 02682-66 83
e-mail: bibi@TTEAM.de

TTEAM Österreich
Ruth & Martin Lasser
Anningerstr. 18
A – 2353 Guntramsdorf
Tel. 02236-47 000
Fax 02236-47 070
e-mail: tteam.office@aon.at

TTEAM Schweiz
Doris Süess-Schröttle
Mascot Ausbildungszentrum AG
CH – 8566 Neuwilen
Tel. 071-69 91 825
Fax 071-69 91 827
e-mail: learn@mascot-ausbildung.ch

Zum Weiterlesen

Borelle, Bea/Braun, Gudrun: Bea Borelles Pferdetraining; bewusst, befähigt, begeistert, Stuttgart 2002
Ettl, Renate: Pferdewissen aus dem Wilden Westen, Stuttgart 1996
Holtappel, Antje: Go West – Westernreiten, Stuttgart 1995
Krämer, Monika: Pferde erfolgreich motivieren; Das 8-Punkte-Programm, Stuttgart 1998
Kreinberg, Peter: Horsmanship Training; Die Grundausbildung des Western- und Freizeitpferdes, Stuttgart 2001
Ludwig, Grischa / Breuer, Gabi: Das Quarter Horse; Herkunft, Zucht, Freizeit, Show, Stuttgart 2001
Penquitt, Claus: Die neue Freizeitreiter-Akademie, Stuttgart 2001
Penquitt, Nathalie: Erste Schritte unter dem Sattel; Junge Pferde selber ausbilden, Stuttgart 1999
Rashid, Mark: Der auf die Pferde hört; Erfahrungen eines Horseman aus Colorado, Stuttgart 1999
Schmid-Neuhaus, Angelika: Das große Fitnessprogramm für Pferde; Die drei Elemente zum Erfolg: Massage, gelöstes Reiten, Sattelcheck, Stuttgart 2000
Schwaiger, Susanne E.: Der Weg mit Pferden – Ein Weg zu mir; Das Pferd als Persönlichkeitstrainer, Stuttgart 2000
Schwaiger, Susanne E.: Persönlichkeitstraining mit Pferden; Das Praxisbuch, Stuttgart 2001
Tietje, Ute: Kosmos-Lexikon Westernreiten, Stuttgart 2000
Tellington-Jones, Linda: Die Persönlichkeit Ihres Pferdes; Die Kunst, Charakter und Temperament Ihres Pferdes zu bestimmen und positiv zu beeinflussen, Stuttgart 1995
Tellington-Jones, Linda: Die Linda Tellington-Jones Reitschule; Mehr Spaß und Erfolg mit TTEAM und TTouch, Stuttgart 1996
Tellington-Jones, Linda: Der neue Weg im Umgang mit Tieren; Die Tellington TTouch Methode, Stuttgart 1993
Tellington-Jones, Linda: Tellington-Training für Hunde; Das Praxisbuch zu TTouch und TTEAM, Stuttgart 1999
Wienrich, Kay / Ettl, Renate: Profi-Tips Westernreiten – Reining, Stuttgart 1997

Videos

Tellington-Jones, Linda: TTouch für Springpferde, Stuttgart 1996
Tellington-Jones, Linda: TTouch für Dressurpferde, Stuttgart 1995
Tellington-Jones, Linda: Reiten nach der TTEAM-Methode, Stuttgart 1999
Tellington-Jones, Linda: TTEAM-Bodenarbeit, Stuttgart 2000
Tellington-Jones, Linda: Die Persönlichkeit Ihres Pferdes, Stuttgart 2000
Tellington-Jones, Linda: Tellington-Training für Hunde, Stuttgart 2001